101 conseils
pour élever un enfant
heureux

Données de catalogage avant publication (Canada)

McCourt, Lisa

101 conseils pour élever un enfant heureux

Traduction de : 101 ways to raise a happy baby.

1. Nourrissons - Soins. 2. Nourrissons - Développement. 3. Rôle parental. I. Titre. II. Titre : Cent un conseils pour élever un enfant heureux.

RJ61.M48314 2000 649'.122 C00-941018-X

Illustrations : Cheryl Nathan et Michel Fleury

DISTRIBUTEURS EXCLUSIFS :

- Pour le Canada et les États-Unis :
  MESSAGERIES ADP*
  955, rue Amherst,
  Montréal, Québec
  H2L 3K4
  Tél. : (514) 523-1182
  Télécopieur : (514) 939-0406
  * Filiale de Sogides ltée

- Pour la France et les autres pays :
  INTER FORUM
  Immeuble Paryseine, 3, Allée de la Seine
  94854 Ivry Cedex
  Tél. : 01 49 59 11 89/91
  Télécopieur : 01 49 59 11 96
  Commandes : Tél. : 02 38 32 71 00
  Télécopieur : 02 38 32 71 28

- Pour la Suisse :
  DIFFUSION: HAVAS SERVICES SUISSE
  Case postale 69 - 1701 Fribourg - Suisse
  Tél. : (41-26) 460-80-60
  Télécopieur : (41-26) 460-80-68
  Internet : www.havas.ch
  Email : office@havas.ch
  DISTRIBUTION: OLF SA
  Z.I. 3, Corminbœuf
  Case postale 1061
  CH-1701 FRIBOURG
  Commandes: Tél. : (41-26) 467-53-33
  Télécopieur : (41-26) 467-54-66

- Pour la Belgique et le Luxembourg :
  PRESSES DE BELGIQUE S.A.
  Boulevard de l'Europe 117
  B-1301 Wavre
  Tél. : (010) 42-03-20
  Télécopieur : (010) 41-20-24

Pour en savoir davantage sur nos publications,
visitez notre site: **www.edhomme.com**
Autres sites à visiter: www.edjour.com · www.edtypo.com
www.edvlb.com · www.edhexagone.com

L'ouvrage original américain a été publié par Lowell House, division de NTC/Contemporary Publishing Group, Inc.
sous le titre *101 Ways to Raise a Happy Baby*

Dépôt légal : 4e trimestre 2000
Bibliothèque nationale du Québec

ISBN 2-7619-1567-4

L'Éditeur bénéficie du soutien de la Société de développement des entreprises culturelles du Québec pour son programme d'édition.

Nous remercions le Conseil des Arts du Canada de l'aide accordée à notre programme de publication.

Nous reconnaissons l'aide financière du gouvernement du Canada par l'entremise du Programme d'aide au développement de l'industrie de l'édition (PADIÉ) pour nos activités d'édition.

101 conseils pour élever un enfant heureux

Traduit de l'américain par
Monique Désy-Proulx

Lisa
McCourt

LES ÉDITIONS DE L'HOMME

Introduction

Votre bébé en a de la chance ! Parmi tous les livres sur le marché qui traitent de l'éducation des enfants, vous en avez choisi un qui vous aidera à élever un enfant HEUREUX. Vous avez fait ce choix de façon désintéressée, par amour pour cette précieuse et nouvelle petite boule de potentialités qu'est votre bébé. Comme vous voulez son bonheur, vous avez éliminé les livres qui proposaient un enfant facile, un enfant intelligent, un enfant sûr de lui et promis à de grandes réalisations, un enfant conforme à la vie de ses parents. Pourtant ! Votre altruisme est déjà récompensé, car élever un enfant heureux constitue le meilleur moyen de vous assurer qu'il aura toutes ces louables caractéristiques.

Élever un enfant vraiment heureux n'est ni difficile ni compliqué. Cela exige seulement que vous écartiez les masses de faussetés qui vous ont bombardé toute votre vie et que vous laissiez émerger votre véritable instinct fondamental de parent. Vous savez déjà ce qu'il faut à votre bébé. Vous possédez déjà les outils nécessaires pour communiquer avec votre bébé. Le présent livre vous montrera comment vous relier à cette partie de vous-même si étonnamment intuitive !

Je travaille dans le monde de l'édition de livres pour enfants et comme les petits font partie de mon travail, je me suis toujours fait un point d'honneur d'en apprendre le plus possible sur eux. Pendant que j'attendais la venue de mon fils Tucker, je me suis mise à lire tout ce qui me tombait sous la main en fait de livres et d'articles sur les soins à donner aux bébés. Pourtant, au lieu de me sentir réconfortée par la pléthore de renseignements que j'accumulais, je me retrouvais totalement confuse et affolée. Comment les auteurs les plus lus et les spécialistes les plus reconnus dans le domaine de la puériculture pouvaient-ils se contredire à ce point sur des sujets aussi importants ? Je ne mis pas longtemps à comprendre la terrible vérité : *en fait, personne ne connaît les réponses !*

Et pourquoi devraient-ils les connaître ? Élever un bébé n'est pas une science exacte, avec des lois applicables de façon systématique ou des résultats facilement chiffrables par statistiques. Il s'agit d'une activité imposante, imprévisible, naturelle et partagée par toute l'espèce humaine ! Élever un bébé n'est pas une réalité américaine, ni une réalité du XXe ou du XXIe siècle. C'est une réalité *humaine*, point à la ligne. Avec le fait de manger et de déféquer, c'est la plus unificatrice de toutes les réalités humaines. Pourquoi continuons-nous, en tant que société, à adopter des régimes d'éducation compliqués, aussi fluctuants que la longueur des jupes, et à les appliquer à une activité qui se trouve au cœur même de la condition humaine ? Au cours de mon investigation, il devint de plus en plus évident que pour élever un humain naturellement heureux, il suffisait que les parents apprennent à faire confiance à leurs bébés et à leur propre instinct d'êtres humains.

Jusqu'à ce que Tucker ait un an et demi, j'ai enrichi les conclusions de mes recherches en joignant de multiples organisations de mamans où j'ai tissé des liens, observant et interrogeant des tas de mamans sur leurs méthodes d'éducation. Voici le résultat : une collection d'idées éprouvées et authentiques pour rendre bébé heureux, que je tiens de vraies mamans, et que j'ai abondamment parsemées de citations de spécialistes du domaine, spécialistes dont le point de vue est orienté vers ce qu'il devrait toujours être : les vrais besoins des bébés.

Mon plus grand maître, bien sûr, fut Tucker. Son joli petit minois est tellement expressif qu'il ne laisse planer aucun doute à savoir si je fais ou non ce qu'il faut. Quand je ne le fais pas, il m'offre gentiment la possibilité de corriger le tir et me récompense ensuite avec un regard qui dit :

« C'est parfait ! Tu y arrives ! » Plusieurs pages de ce livre ont été écrites pendant qu'il dormait paisiblement sur ma poitrine, attaché dans une bandoulière.

Tout en lisant, gardez à l'esprit que chaque bébé est absolument unique. Quand je parle des bébés ici, je parle de la vaste majorité de ceux que j'ai rencontrés et au sujet desquels j'ai lu. Si mes propos ne semblent pas s'appliquer à votre bébé, ÉCOUTEZ VOTRE BÉBÉ. Certaines de mes meilleures amies ont élevé de merveilleux enfants en faisant appel à des moyens qui contredisent plusieurs des Conseils que je propose dans ce livre. Elles savaient ce qu'il fallait à leurs bébés et elles le leur donnaient.

Votre bébé vous enseignera comment prendre soin de lui. Il en connaît plus que vous dans ce domaine, car il vous arrive avec son humanité pour tout bagage, alors que votre propre humanité est enterrée sous des couches et des couches de connaissances stupides qui font que notre société, quand il est question d'élever des enfants, ne pense qu'en termes de ici-aujourd'hui-parti-demain. Ne souscrivez pas au discours à la mode quand vous faites quelque chose d'aussi monumental et intemporel que d'élever votre bébé. Entrez en vous et observez, fiez-vous à votre cœur et continuez à lire !

1.
Attachez-vous !

Un bébé heureux est un bébé lié à son entourage. Ce lien peut paraître un peu mystique — le genre de choses auxquelles on croit ou non. De plus, rien ne garantit que le bébé que vous venez de pondre va vous donner immédiatement envie de changer de vie. En fait, le grand amour — je veux dire le grand, le très grand amour, celui qui vous donne la chair de poule, vous met les larmes aux yeux, vous coupe le souffle — cet amour-là n'y est pas toujours les premiers jours ni même les premières semaines. C'est le cas pour certains parents, mais pour bien d'autres, il faut du temps pour s'attacher vraiment, pour former des liens intenses.

Créer des liens c'est devenir amoureux et, comme dans l'amour adulte, cela s'approfondit dans les moments tendres, avec une bonne conversation, en se disant des mots doux à l'oreille, chaque fois qu'on se regarde avec amour. Bref, plus bébé partage avec vous des moments d'affection, plus il s'attache à vous, plus VOUS vous attachez à lui, et plus vous êtes tous deux paisibles et heureux.

En consultant les opinions des spécialistes de la puériculture, j'ai trouvé qu'il y avait une méthode qui ressortait des autres pour favoriser la formation de liens et par conséquent, pour favoriser le bonheur des bébés. Le docteur William Sears (de loin mon spécialiste préféré) appelle cela « l'éducation par attachement » et je vais lui emprunter son expression pour proposer ce programme d'éducation qui, en réalité, n'est pas du tout un programme. Il s'agit de voir combien l'animal humain élève sa progéniture dans le bonheur quand il s'en remet à son savoir intérieur.

Ce qu'il y a de mieux à faire pour élever un enfant dans le bonheur, c'est de l'écouter et d'être profondément convaincue que vous savez d'instinct ce qu'il y a de mieux pour lui, ou pour elle ! Vos instincts les plus fondamentaux coïncident parfaitement avec ceux de votre bébé. Quand il est né, il savait déjà que vous deviez le prendre dans vos bras, l'embrasser, l'aimer et tout faire pour subvenir à ses besoins. Vos instincts vous poussent à faire tout cela. Le seul obstacle, c'est le déluge de conseils « branchés » qui vous tombe dessus !

Plusieurs théories se contredisent sur la manière dont on devrait traiter les bébés. Les parents se trouvent aujourd'hui sans aucune tradition sur laquelle s'appuyer, parce que les experts changent tous les deux ou trois ans et que leurs conseils sont à l'avenant. Comment pouvons-nous faire confiance à nos instincts avec ce flot continu de conseils maladroits qui changent constamment ? En vérité, aucun livre au monde ne vous dira la bonne manière d'élever votre enfant. Vous seul êtes constitué pour résoudre cette espèce d'énigme, et une seule personne en connaît le secret : votre bébé ! Il s'agit simplement de connaître assez votre bébé pour que *votre bébé* vous montre comment l'élever dans le bonheur.

C'est ici qu'entre en ligne de compte l'éducation par attachement, puisque ses principes sont fondés sur ce grand LIEN, cet attachement, ce grand amour. Des parents attachés réagissent immédiatement quand leurs bébés les appellent. Ils portent leurs enfants, les allaitent et dorment avec leurs bébés. Bien qu'il soit possible de vous attacher à votre enfant sans souscrire à toutes ces pratiques, elles procurent cependant le cadre idéal pour créer des liens et donc pour promouvoir le bonheur.

Pour qu'une personne soit heureuse, quel que soit son âge, elle doit se sentir bien et à sa place dans son environnement. Il lui faut s'estimer profondément, et elle doit sentir qu'on la comprend et qu'on lui accorde de la valeur. Les bébés heureux expriment facilement leurs besoins parce qu'ils sont intimement liés à leurs parents, et c'est de ce lien qu'il sera question dans le présent livre.

2.

Comment nourrir votre bébé ? Renseignez-vous !

Il y a tant à gagner à nourrir au sein qu'il est surprenant d'apprendre qu'une majorité de mères nord-américaines en arrivent encore à nourrir leurs bébés au biberon. Si vous êtes enceinte et que vous prévoyez nourrir au biberon, avant de prendre une décision finale vous vous devez, à vous comme à votre bébé, d'en apprendre le plus possible sur les avantages de l'allaitement maternel.

Une de mes amies s'est fait dire par les infirmières de l'hôpital que son bébé « préférait le biberon ». Comme elle voulait ce qu'il y a de mieux pour son bébé, elle a abandonné l'idée de le nourrir au sein et regrette sa décision depuis ce temps.

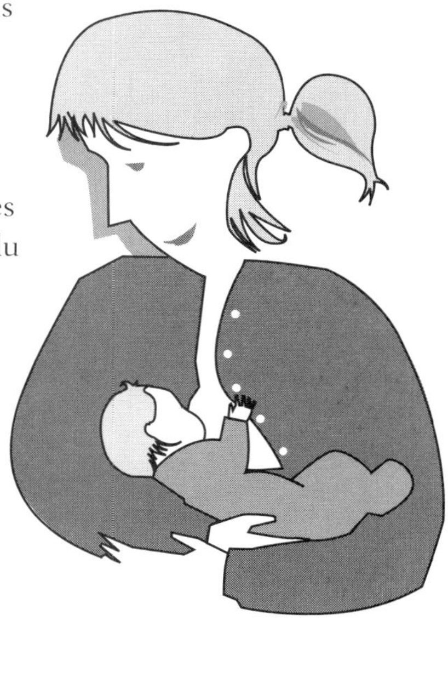

Parfois, une nouvelle maman se sent obligée de suivre l'exemple des mères et des grands-mères de sa famille, les matriarches qui ont nourri leurs bébés au biberon. Ces femmes ont été les meilleures mamans du monde en fonction de ce qu'elles savaient à l'époque. Dites-leur qu'on en sait beaucoup plus aujourd'hui sur les incroyables bienfaits de l'allaitement pour la santé physique et psychologique.

Bien des femmes qui ont nourri leurs bébés au biberon affirment qu'elles voulaient allaiter, mais qu'elles en étaient incapables pour différentes raisons. Toutefois, selon Sara Rosenthal, l'auteur de *The Pregnancy Sourcebook*: « Il faut savoir que seulement 1 % des mères ont une incapacité biologique à produire assez de lait maternel pour leurs nouveau-nés. »

Ces femmes connaissaient probablement des difficultés tout à fait normales dans le processus de l'allaitement et sans doute auraient-elles réussi avec un peu de persévérance. Voici ce qu'écrit Penelope Leach, la célèbre experte en puériculture, dans son livre *Your Baby and Child*: « Presque toutes les femmes, y compris plusieurs de celles qui tentent d'allaiter mais qui abandonnent devant les problèmes de seins douloureux ou devant la tyrannie des horaires du bébé, auraient été capables d'allaiter si elles avaient eu assez confiance en elles, si elles avaient été encouragées par leurs conjoints et par les autres membres de leur entourage (surtout par les mères) et si, au besoin, elles avaient reçu de l'aide de professionnelles compréhensives et expérimentées. »

Si vous voulez allaiter, soyez convaincue que vous en serez capable, que vous y arriverez. Participez à des réunions de la ligue La Leche pendant votre grossesse, et achetez ou empruntez une copie du livre de base publié par ce groupe, *L'art de l'allaitement maternel*. Il y a une kyrielle d'autres bons livres sur le sujet et votre hôpital offre probablement des ateliers où vous pouvez apprendre à allaiter avant d'accoucher.

En vous rendant à l'hôpital, emportez dans vos bagages les numéros de téléphone des monitrices de la ligue La Leche et des consultantes en allaitement, de sorte que vous pourrez obtenir leur aide au besoin. Soyez très ferme face au personnel de l'hôpital en annonçant votre intention d'allaiter votre enfant et que celui-ci ne reçoive absolument aucune bouteille.

Si vous commencez à allaiter et que vous changez d'idée par la suite, il sera facile de passer au biberon. En revanche, si vous commencez au biberon, votre corps arrêtera de produire du lait et vous perdrez à jamais l'occasion d'allaiter cet enfant.

3.

Inscrivez-vous aux rencontres de la ligue La Leche

Je voudrais dissiper un mythe au sujet de la ligue La Leche. J'ignore comment cela est venu à ma connaissance, mais il semble que lorsque des gens par ailleurs bien informés entendent les mots ligue La Leche, ils s'imaginent une assemblée de femmes à moitié nues assises autour d'une pièce, allaitant leurs adolescents tout en discutant de la conservation des ressources naturelles et en dévorant à pleines dents des carrés au tofu. Dans l'esprit imaginatif de mon amie Louise, ces « militantes forcenées de la promotion des tétons » hypnotisent les nouvelles mamans pour les initier au culte et les réduisent ensuite à un esclavage de nombreuses années d'allaitement.

Louise, ma chérie, ce n'est tout simplement pas ça. Les femmes que j'ai rencontrées par l'entremise de la ligue La Leche étaient amusantes, intelligentes et raffinées, et il se trouve qu'elles allaitaient leurs bébés. Elles s'échangent de bons trucs à leurs réunions mensuelles, et les monitrices de la ligue ont des réponses à toutes les questions qu'elles peuvent se poser sur l'allaitement. Les femmes enceintes sont bienvenues, tout comme les mamans qui hésitent dans leur choix ; et contrairement à la croyance populaire, celles qui penchent plutôt vers le biberon ne sont pas reçues avec désapprobation. Voici quelques numéros de téléphone au Québec pour savoir où se tiennent les réunions de la ligue les plus près de chez vous : Montréal : (514) 525-3243 ; Québec : (418) 653-2349 ; Sherbrooke : (819) 823-7344 ; France : 01 39 584 584 ; Belgique : 080/78.53.06 ou 02/660.77.67.

Vous pouvez appeler une monitrice de la ligue en tout temps et lui poser n'importe quelle question, même si vous n'avez jamais assisté à une réunion. Ces femmes étonnantes font ce travail bénévolement. Personne ne les paie ; elles veulent tout simplement et sincèrement vous aider à nourrir votre bébé. Quand Tucker est né, j'avais le numéro de trois femmes différentes, de sorte que je n'avais pas à déranger trop souvent l'une d'entre elles, et aucune ne m'a jamais bousculée au téléphone — même si mes questions étaient parfois assez ineptes.

Tirez profit de cette ressource tellement précieuse et GRATUITE !

4. Nourrissez votre bébé corps et âme

Votre bébé naît avec un vocabulaire limité et, pour vraiment communiquer avec lui, votre vocabulaire aussi est assez restreint. Les outils de communication les plus efficaces que vous ayez sont désormais ces deux énormes globes de chair qui trônent sur votre poitrine. Peu importe le rapport que vous avez eu avec vos seins dans le passé, il est temps de redéfinir le contrat. Ils attendent ce moment depuis toujours !

À moins que vous ayez été stoppée quelque part dans une autre galaxie, vous savez que l'allaitement maternel est la chose la plus saine que vous puissiez offrir à votre bébé. Or, c'est aussi une des meilleures manières de le rendre *heureux*. Votre bébé n'arrivera pas en ce monde avec un tas de passe-temps à pratiquer : l'allaitement sera son désir premier et urgent. L'allaitement est en tout point aussi nourrissant au point de vue psychologique qu'au point de vue physiologique. Quand vous posez votre bébé sur votre poitrine, vous lui dites : « Je suis ta maman. Je suis là. Je veux combler tes besoins. »

L'allaitement maternel rend bébé heureux, non seulement à cause du plaisir qu'il prend à jouir de son activité préférée, mais également à cause de votre proximité et du contact de votre peau, à cause des hormones qui facilitent la formation de ce lien et qui sont sécrétées aussi bien en vous qu'en lui, et même à cause du goût. Essayez de goûter un peu de votre propre lait (sucré !) et ensuite du lait maternisé (affreux !) et vous comprendrez la préférence du bébé.

Mais peut-être faites-vous partie de ces femmes qui trouvent disgracieuse l'idée même d'une petite créature tétant leurs seins. C'était le cas de plusieurs de mes amies avant qu'elles fassent connaissance avec leurs bébés. Pour ma part, je suggère simplement de l'essayer ! Si vous laissez honnêtement la chance au coureur et qu'ensuite vous détestez vraiment cela, alors arrêtez. Les bébés heureux ne vivent pas avec des mamans malheureuses et pleines de ressentiment.

Gardez à l'esprit que vos premières expériences d'allaitement seront les pires et que plus vous le ferez, plus vous aimerez cela. C'est vrai que l'allaitement exige énormément de temps au cours des premières semaines, mais est-ce vraiment une si mauvaise chose ? Quelle belle excuse pour vous reposer avec votre enfant et laisser les autres faire le reste ! Après le premier mois, l'ensemble du processus devient beaucoup moins vidant (excusez le jeu de mot) et plus gratifiant, et les choses se mettent *vraiment* à aller mieux après cela.

En plus, peut-être l'apprécierez-vous plus que vous ne l'auriez cru. L'allaitement maternel n'est pas le suprême buvothon que laissent croire certaines mamans fières de leur « sacrifice ». Il existe un tas de raisons égoïstes pour l'essayer. La plus évidente, c'est que vous n'aurez pas à acheter, à mesurer, à préparer et à trimballer du lait maternisé qui pue et tache les jolis vêtements de bébé et qui empeste ses couches et ses excrétions, et leur donne cette horrible apparence de fromage cottage. (Les excréments des bébés nourris au sein ne sentent rien ! Vraiment !)

Ensuite, il y a l'avantage de la poire à calories : les bébés nourris au sein ont l'avantage d'expulser hors de vous les calories, de sorte que vous pouvez revenir à votre poids d'avant la grossesse avant que vos vêtements trois fois trop grands ne soient plus à la mode.

Si cela n'est pas encore assez pour vous, pensez à tout l'argent que vous épargnerez en n'ayant pas à acheter de lait maternisé et aussi au fait que les femmes qui nourrissent au sein ont une incidence de cancer du sein beaucoup plus faible. Sans parler du fait que les bébés nourris au sein sont tellement plus en santé, ce qui a pour conséquence qu'ils ont moins de malaises, que vous allez moins souvent chez le médecin, et que vous payez moins de médicaments.

Au cours des premiers mois, quand la tétée est l'unique occupation du bébé, le seul fait de regarder votre petit ange qui boit est un bonheur en soi. Sentir cette tendre respiration et ce visage incroyablement doux contre votre peau, le son de sa bouche qui tète et cette minuscule main pleine de confiance qui s'agrippe à vous amoureusement… voilà de quoi sont faits les souvenirs des mamans.

5. Donnez le biberon avec chaleur et amour

Si, après vous être renseignée, vous décidez que le biberon est la seule chose qui vous convienne, conditionnez-vous à y trouver du bonheur ! Sautez les sections de ce livre ou de tout autre livre qui prône les vertus de l'allaitement, et ne vous mettez pas à souffrir d'un sentiment de culpabilité ou de remords. Votre bébé doit sentir que vous êtes joyeuse et que vous croyez à votre manière d'en prendre soin, et les études ont prouvé que de multiples contacts affectueux y font plus pour le bien-être psychologique de l'enfant que l'allaitement en soi.

Ne soyez pas intimidées par les mamans un peu snobs qui remettent en cause votre choix dans ce domaine. Vous ne devez d'explications à personne. Faites comme mon amie Johanne qui, quand elle nourrissait sa fille, répondait à toute question déplacée avec un grand sourire et un ton de voix qui mettaient vraiment un terme à la conversation : « Oui, Caroline est nourrie au biberon et elle va très bien. »

Même s'il est vrai que l'allaitement maternel favorise les liens, vous pouvez faire beaucoup pour reproduire cet effet de l'allaitement quand vous donnez le biberon à votre bébé. Si vous êtes chez vous, essayez de vous dévêtir en partie, vous et votre bébé, pour obtenir le maximum de contacts de peau à peau. Placez le biberon près d'un sein et regardez amoureusement bébé dans les yeux pendant qu'il tète. Caressez-le, embrassez-le et câlinez-le doucement, sans l'exciter.

Voici ce que le docteur William Sears recommande : « Vous voulez que votre bébé ait l'impression que le biberon fait partie de vous. La plupart des bébés, qu'ils soient nourris au sein ou au biberon, se nourrissent mieux si vous êtes calmes pendant qu'ils boivent, mais les bébés aiment également l'interaction sociale au cours des pauses qui ont lieu pendant leur tétée Soyez attentive aux signes que vous donne votre bébé comme quoi il veut s'amuser pendant qu'il boit. À un moment donné, vous comprendrez intuitivement le rythme des tétées de votre bébé. Le bébé devrait sentir que c'est une personne qui le nourrit et pas seulement une bouteille. »

Le docteur Sears, parmi ses conseils aux mamans qui utilisent le biberon, préconise de nourrir bébé sur demande au lieu de suivre un horaire rigide, de réagir quand bébé se manifeste, et de ne jamais forcer bébé à finir un biberon s'il montre d'une quelconque façon qu'il en a assez.

6.
Prenez-le dans vos bras

Depuis quelques dizaines d'années, les sociétés occidentales ont accepté une notion étrange selon laquelle il y aurait du bon à laisser un bébé pleurer seul dans son coin. Aucune société primitive n'a jamais partagé cette opinion tellement contre-nature et la plupart des sociétés contemporaines non plus.

En fait, la plupart des autres sociétés reconnaissent qu'il existe une phase de transition au cours de laquelle le contact mère-enfant est essentiel. On croit qu'il faut neuf mois à l'intérieur du ventre et neuf mois de maternage à l'extérieur du ventre pour préparer adéquatement un petit humain à passer du temps seul par la suite.

Pendant la phase transitoire du « deuxième-neuf-mois », certains éléments sont nécessaires : un contact intime mère-enfant, une réaction rapide aux pleurs et l'allaitement jusqu'à l'âge de deux ans au moins. Si cela semble radical, c'est tout de même monnaie courante en dehors de la civilisation occidentale. Les anthropologues rapportent fréquemment que l'une des différences les plus frappantes entre les bébés du monde occidental moderne et ceux du monde primitif tient au fait que dans ce dernier, les bébés pleurent rarement et, s'ils le font, en général les adultes les prennent immédiatement dans leurs bras, les nourrissent et les calment d'une façon ou d'une autre.

Bien des experts nous disent aujourd'hui ce que nous, les mamans, avons toujours su dans notre for intérieur. On ne devrait pas laisser les bébés pleurer seuls dans leur coin. Selon Lee Salk, spécialiste de l'enfance, le fait de prendre un bébé dans nos bras quand il pleure lui montre que quelqu'un subvient à ses besoins, qu'il s'agisse de manger ou simplement de se faire prendre dans des bras d'adultes. Voici ce que Lee Salk dit aux parents : « Un enfant qui pleure ne souffre pas ; il souffre si personne ne réagit à ses pleurs. »

La plupart des parents tentent de savoir ce qui fait pleurer bébé pour y trouver une solution. Or, très souvent il n'y a aucune raison apparente, et cela est parfaitement normal et correct. Parfois, les bébés se sentent tout simplement mal et ont besoin d'affection, d'un contact humain. Si les parents réconfortent l'enfant quand ils considèrent qu'il a une bonne raison de pleurer, mais l'ignorent quand ils croient que ce n'est pas le cas, ils lui montrent qu'on ne peut pas se fier aux gens. L'enfant se sentira inquiet et impuissant, comme s'il ne valait pas la peine qu'on lui prête attention.

Un bébé n'a qu'un seul moyen de s'exprimer, c'est de pleurer! S'il arrive assez souvent qu'on ne réponde pas à ses pleurs, l'enfant finit par croire qu'il ne s'exprime pas de façon efficace. Quand bébé intègre cette croyance dès sa petite enfance, il risque d'en faire une réalité concrète au cours des années à venir.

Dans la nature, presque toutes les mamans mammifères réagissent dès que leurs bébés pleurent. Les mères allaitent leurs bébés, les lèchent et les touchent, réagissant automatiquement quand ceux-ci ressentent un malaise.

Même les enfants humains, quand ils suivent leur instinct, s'empressent d'aider un bébé qui pleure. Ne laissez pas les ridicules conseils de certains « spécialistes » à la mode vous empêcher de satisfaire l'exigence biologique qui vous pousse à prendre votre bébé dans vos bras et à le nourrir.

7.
Oubliez les horaires !

Dans la pensée bouddhiste, il existe une maxime décrivant un des aspects de la nature parfaite du Bouddha : « Mange quand tu as faim ; dors quand tu es fatigué. » Cela est si simple et, pourtant, nous rendons la vie de nos bébés tellement compliquée en décidant de les priver de ce droit fondamental pour l'être humain. Les bébés ne sont pas faits pour suivre des horaires. Leur extraordinaire rythme de croissance est loin d'être régulier au cours des 18 premiers mois — ils croissent de façon imprévisible, par bonds. Cela veut dire que les besoins de nourriture et de repos varient énormément chez les bébés.

La seule manière de s'assurer qu'ils ont les bonnes doses de nourriture et de sommeil, c'est de se mettre à leur écoute et d'être convaincu qu'ils mèneront bien la barque.

Si un bébé est nourri selon un horaire fixe (au sein ou au biberon) et non en fonction des moments où il pleure pour dire qu'il a faim, l'enfant comprend que ses appels à la bouffe ne sont pas au point et cesse de compter dessus. De la même manière, quand un parent force un bébé à suivre un horaire de sommeil fixe, l'enfant apprend à ne pas considérer ses propres sensations de fatigue. C'est vraiment rendre un mauvais service à l'enfant que de l'obliger à ne pas se fier à sa voix intérieure.

Si on laisse les bébés suivre leur désir naturel de manger quand ils ont faim et d'arrêter quand ils sont repus, ces modèles deviennent une seconde nature pour eux. Ils risquent beaucoup moins de développer des désordres de l'alimentation plus tard dans la vie. Et si on encourage bébé à ne dormir que s'il est fatigué, il dort mieux et risque moins de souffrir de problèmes de sommeil.

Les spécialistes qui recommandent des horaires fixes pour les bébés sont souvent populaires auprès des parents qui cherchent des raccourcis. Un bébé à horaires semblera un bébé facile. Toutefois, si vous tenez compte de toutes les larmes et de toutes les frustrations accumulées (aussi bien des bébés que des parents) en voulant soumettre la volonté du bébé à des horaires arbitraires, vous constaterez que le chemin devient beaucoup plus facile en écoutant simplement le bébé et en comblant ses besoins.

Au Japon, tout comme dans la plupart des sociétés traditionnelles, l'idée d'une heure de coucher pour les bébés n'existe pas. Les bébés restent avec leurs parents tant qu'ils ne s'endorment pas, et ils dorment ensuite là où ils sont. Il n'y a pas de pleurs, pas de bataille et l'enfant ne se sent pas abandonné. Quand les parents eux-mêmes sont prêts à aller se coucher, ils ramassent leurs enfants endormis et les amènent au lit avec eux. Les problèmes de sommeil n'existent à peu près pas chez les enfants japonais.

En n'ayant pas à surmonter une séparation douloureuse d'avec leurs parents, ces bébés ne sucent pas leurs pouces pour s'apaiser ; ils ne s'attachent pas à des objets de transition comme des ours en peluche ou des couvertures ; ils n'obligent pas leurs parents à se lever à répétition tout au long de la nuit.

Bien sûr, les horaires ne sont mauvais que si bébé se les fait imposer. Plusieurs bébés adoptent d'eux-mêmes un horaire étonnamment régulier. Si tel est le cas avec le vôtre, réjouissez-vous de pouvoir ainsi prévoir votre emploi du temps, mais ne soyez pas surpris si l'enfant révise le programme à un moment ou à un autre.

8. Commencez déjà à rendre bébé heureux quand vous êtes enceinte

Étonnamment, des recherches indiquent que le niveau de tensions que vous vivez pendant votre grossesse peut contribuer à établir le niveau général de tensions de votre bébé. Le célèbre pédiatre T. Berry Brazelton a dirigé une recherche en comparant les styles de vie de trois groupes de Japonaises au cours de leurs grossesses, comparant ensuite les caractéristiques de leurs nouveau-nés. Les femmes vivant selon un style de vie rural et discret sur des îles japonaises avaient des bébés remarquablement plus calmes et ayant une capacité d'attention plus longue que les bébés des femmes de Tokyo, dont le style de vie urbain avait un rythme beaucoup plus rapide. Le troisième groupe, des femmes japonaises vivant à San Francisco, avait le style de vie le plus effréné de toutes et, de la même façon, leurs bébés étaient les plus nerveux et les plus agités, et ils avaient une capacité d'attention plus brève.

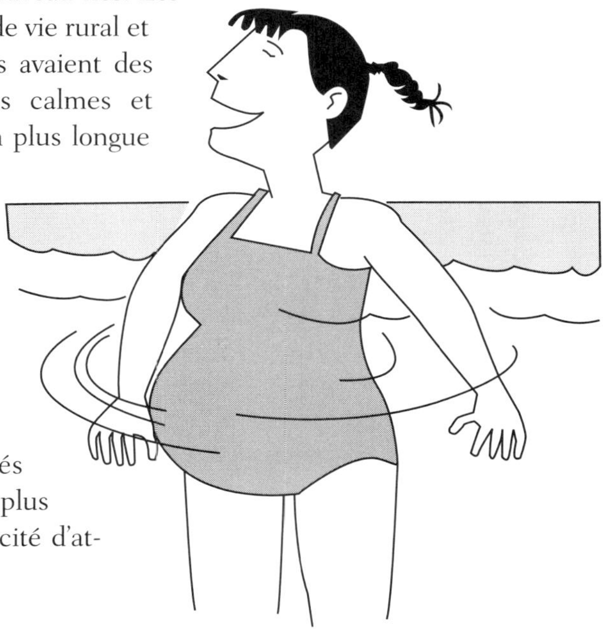

Voici ce qu'écrit le musicologue Don Campbell, dans son livre *L'Effet Mozart**.

> Je crois que les émotions intenses d'une mère — depuis la colère et le ressentiment jusqu'au calme profond, à la gratitude et à l'acceptation — peuvent provoquer des changements hormonaux et des impulsions neurologiques qui affectent le fœtus. Dans plusieurs sociétés traditionnelles, on reconnaît depuis longtemps que toutes les influences auxquelles le bébé est exposé au cours de sa croissance contribuent à sa santé et à son bien-être. Au Japon, jusqu'au début du XXe siècle, un des moyens qu'avaient les familles de se préparer à recevoir les nouveau-nés était de pratiquer le Taikyo ou l'éducation embryonnaire. On croyait que les voix, les pensées et les sentiments de la mère et du père, des grands-parents et des autres membres de la famille influençaient le fœtus et on évitait les mauvaises vibrations de toutes sortes. Aujourd'hui, cela engloberait des émissions de télévision bruyantes, des films violents, de la musique forte et d'autres sons qui risqueraient de nuire à la formation du bébé.

Dans son livre surprenant, *The Secret Life of the Unborn Child,* le docteur Thomas Verny décrit comment Boris Brott, chef de l'Orchestre philharmonique de Hamilton, en Ontario, fut longtemps perplexe en constatant qu'il avait une mystérieuse facilité à jouer brillamment certaines pièces à l'oreille, alors qu'il devait se démener pour en maîtriser d'autres. Il obtint la clé de ce mystère lorsqu'il apprit que pendant que sa mère était enceinte de lui, elle avait joué ces mêmes pièces qui lui venaient maintenant sans efforts. Les embryologistes affirment que l'oreille est le premier organe à se développer chez l'embryon, qu'il est déjà fonctionnel à 18 semaines et capable d'exercer une écoute active dès la vingt-quatrième semaine de gestation.

Dans une grande étude de l'université de Caroline du Nord, les professeurs Tony DeCasper et Melanie Spence enjoignirent des femmes enceintes de lire à leur ventre *The Cat in the Hat,* du professeur Seuss, au

---

* Campbell, Don, *L'effet Mozart,* Le Jour, éditeur, 1998.

cours du troisième trimestre de leur grossesse. Par la suite, les nouveau-nés montrèrent, par des tests de tétée, qu'ils arrivaient à reconnaître les vers de ce livre parmi d'autres lectures !

Les chercheurs savent aujourd'hui qu'un bébé à naître est sensible non seulement à la musique et aux sons, mais également à l'émotion qui se dégage de la voix de sa mère et peut-être même au sens de ses paroles. Tirez profit de cette occasion extraordinaire d'établir des liens solides dès le départ. Prêtez attention à ce que votre bébé entend pendant que vous êtes enceinte. Préparez des chansons spécialement pour le bébé et chantez-les lui amoureusement quand vous êtes seule à la maison ou dans l'auto. Ne vous sentez pas stupide. Même si vous ne croyez pas que votre bébé comprend ce que vous chantez, cela vous mettra dans un bon état d'esprit pour créer des liens quand votre petit invité arrivera. Et donnez au papa, aux amis et aux autres parents l'occasion d'en faire autant !

9.
Bercez votre bébé

Partout dans le monde, des parents réconfortent leurs bébés en les berçant. Sans savoir consciemment pourquoi, ils le font à un rythme de 60 ou 70 bercements par minute. Si les bébés réagissent si bien à ce rythme de bercement, c'est parce que cela leur rappelle le ventre d'où ils viennent ! Cela correspond au rythme cardiaque des mamans enceintes au repos ainsi qu'au rythme de leur démarche vers la fin de la grossesse.

Les bébés ont besoin de mouvement. Ceux qui ne se font pas assez promener ou bercer battront des mains et des pieds, serreront et desserreront les poings, tentant ainsi de se remuer un peu. Avec ou sans chaise conçue à cet effet, quand nous berçons les bébés nous les aidons à développer le sens de l'équilibre, ce qui constitue la première étape pour acquérir le contrôle du corps.

Ne comptez pas sur un berceau ! Pour retirer tous les bienfaits du bercement, les bébés doivent être en position debout. Des études ont démontré que la plupart des parents tiennent spontanément les bébés dans leur bras gauche, du côté gauche de leur corps. Nos instincts semblent nous dire que les bébés préfèrent ce côté et c'est effectivement le cas. Votre bébé peut alors sentir vos battements de cœur ; votre bras gauche est plus chaud que le droit, car il est plus près de votre cœur ; et le fait que le bébé ait le côté droit appuyé contre votre poitrine l'aide en réalité à mieux digérer !

En outre, comme le côté gauche du corps est commandé par le côté droit du cerveau (le côté émotionnel), on s'est même demandé si le côté gauche du visage n'était pas plus expressif que le droit. En tenant les bébés de la manière qui nous semble la plus naturelle, nous montrons en fait aux bébés notre côté le plus tendre, le côté émotif, et peut-être que notre œil et notre oreille gauches sont plus réceptifs aux émotions que le bébé manifeste !

Le magazine *Mothering* cite une étude montrant comment des mères, en se berçant avec leur bébé, s'étaient mieux remises d'une césarienne. Dans le groupe des mères qui s'étaient bercées, les femmes avaient eu moins de douleurs, moins de gaz intestinaux et, de plus, elles avaient marché plus rapidement et avaient quitté plus vite l'hôpital. Dans la même étude, les femmes qui avaient eu un accouchement par voie naturelle constataient que de se bercer avec l'enfant détendait leurs muscles abdominaux tout en favorisant la digestion, l'appétit et la circulation sanguine.

Pourquoi s'empêcher de faire quelque chose qui fait tant de bien au bébé et tant de bien aussi à la maman ? J'adore cette belle description tirée de *Mothering*: « Quand les bébés dorment, ils se blottissent juste au creux de votre épaule. Leur chaude odeur laiteuse vous chatouille le nez, la meilleure aromathérapie qui soit. Les tensions sortent de votre corps comme les marées sortent de l'océan sous l'effet de la lune — naturellement, inexorablement. Le va-et-vient de la berceuse dissout paisiblement tous les problèmes de la journée. Il a été démontré que le contact apaisant d'une autre personne ralentissait en fait le rythme cardiaque. Avec votre minuscule tranquillisant dans les bras, les allers-retours du balancement effacent tout, sauf la satisfaction du moment. »

Lancez-vous dans le bercement !

10.

Ne vous enfermez pas pour allaiter

Le fait d'allaiter en public est plus accepté aujourd'hui qu'hier, mais nous avons encore beaucoup de chemin à faire ! Encouragez la cause en nourrissant votre bébé avec fierté quand cela est nécessaire et à l'endroit où cela se présente. Il est totalement ridicule de voir que dans nos sociétés, les mères en viennent à se sentir gênées ou honteuses de faire la chose la plus naturelle et la plus aimante qui soit pour des êtres humains constitués à cet effet. Bébé sera le plus heureux du monde si on lui donne l'occasion de boire quand il en a besoin, mais il doit sentir que sa maman est heureuse et à l'aise pour le faire.

Une fois que vous avez pris l'habitude d'allaiter chez vous, assoyez-vous devant un miroir et pratiquez des positions plus discrètes en fonction de vos apparitions en public. Ensuite, produisez-vous sur toutes les scènes ! Si vous êtes convaincue que vous pouvez nourrir bébé en public, vous pourrez aller n'importe où librement, avec votre bout de chou, et ainsi votre vie-depuis-bébé ressemblera plus à votre vie-avant-bébé.

Une des meilleures ressources que j'aie découvertes pour les mamans qui sont gênées d'allaiter est un catalogue de belles tenues pour mamans, avec des vêtements seyants, dotés d'ouvertures discrètes qui rendent l'allaitement incroyablement facile, où que vous soyez et sans que personne ne vous zieute en se mettant le nez à un centimètre de votre poitrine.

11. Aiguisez vos sens pour former des liens avec bébé

Des études ont démontré que les nouveau-nés peuvent reconnaître leur maman à l'odeur. Les chercheurs plaçaient un tampon humide imbibé du lait d'une mère d'un côté de la tête de son nouveau-né et, de l'autre côté, un tampon imbibé du lait d'une autre mère : dans 80 % des cas les bébés se tournaient vers le lait de leur mère. Peut-être ne le croirez-vous pas, mais vous aussi avez ce don incroyable ! Après seulement quelques jours, la plupart des mères peuvent reconnaître *à l'odeur* les vêtements portés par leurs bébés et les distinguer des vêtements portés par d'autres bébés.

Plus remarquable encore est la rapidité avec laquelle notre sens du toucher nous relie à nos bébés. Environ 70 % des mères ayant passé au moins une heure avec leur enfant après la naissance sont capables, les yeux bandés, de repérer leur bébé parmi d'autres, simplement en leur touchant les mains ou les joues. Les papas aussi sont incroyablement habiles à ce jeu !

Le docteur T. Berry Brazelton montre aux mères à quel point elles comptent pour leurs enfants en leur montrant que les bébés reconnaissent leur voix et les préfèrent à celle des autres. Il demande à la maman de prononcer doucement le nom de son bébé à une oreille tandis que lui-même en fait autant à l'autre oreille. À tout coup, les bébés se retournent vers leur mère. De la même façon, les mères peuvent habituellement faire la différence entre les pleurs de leurs bébés et ceux des autres bébés du même âge.

Au cours de multiples études, on a montré que les bébés, quand ils ont le choix, préfèrent regarder un visage humain plutôt que toute autre image. Même après deux jours, les enfants choisissent le visage de leur mère parmi d'autres visages. Bien qu'ils soient encore officiellement aveugles, ils sont programmés pour se concentrer sur une image placée approximativement à 20 ou 30 centimètres d'eux, l'exacte distance qui sépare une mère de son enfant quand elle le nourrit. Tout nouveau parent sait très bien, sans qu'on doive le lui rappeler, comme il est fascinant de contempler le visage de son nouveau-né.

Alors, tandis que vous apprenez à apprivoiser votre délicieuse et nouvelle responsabilité, gardez à l'esprit que tous vos sens sont en alerte devant le miracle humain auquel vous êtes en train de prendre part. La nature vous a donné temporairement un cadeau magique — servez-vous-en pour vous lier à votre bébé de toutes les façons possibles.

12.

Reconnaissez les limites de votre pédiatre

Le pédiatre de votre bébé est un professionnel de la *médecine* hautement spécialisé. Cependant, lorsqu'il est question d'éducation, il ou elle devient tout simplement un parent comme un autre si, en l'occurrence, il s'agit d'un parent. Des questions comme « Où mon bébé devrait-il dormir ? » ou « Combien de temps devrais-je garder mon bébé dans mes bras ? » ou encore « Combien de temps devrais-je laisser mon bébé pleurer ? », sont autant de questions qui ne relèvent pas de la médecine ; alors concernant ces questions, les réponses de votre pédiatre ne devraient pas peser plus lourd que celles de votre nettoyeur à sec.

De toute façon, la plupart des médecins détestent de telles questions. La réponse la plus professionnelle qu'ils puissent vous donner ressemble à ceci : « Tout ce qui fonctionne bien dans votre famille me convient. Je vais vous encourager dans les décisions que vous prendrez, dans la mesure où ces décisions n'entrent pas en conflit avec les besoins médicaux de votre enfant. » Quand les médecins donnent des avis plus précis que cela, soyez très consciente que c'est une *opinion* qu'ils vous donnent et que cela a peu à voir avec des références pédiatriques.

Cela dit, il n'y a rien de mal à interroger les pédiatres pour en trouver un ou une qui soit d'accord avec votre vision de l'éducation. Il est tentant de considérer chaque visite médicale comme un test d'appréciation de votre qualité de mère, bien que nous sachions toutes que nous ne devrions pas réagir de la sorte Personnellement, j'adore me faire dire que j'ai pris de bonnes décisions comme mère par le pédiatre de Tucker (que j'ai choisi entre autres parce qu'il était un adepte de l'éducation par attachement) !

Peu importe ce que vous faites, ne laissez pas les préceptes d'éducation d'un médecin ou de quiconque contredire vos instincts maternels. Si vous avez des doutes sur une question d'éducation, rien ne vaut mieux que de consulter votre cœur et votre enfant.

13. Restez près de bébé

Malheureusement, dans notre société l'usage veut que les mères et les bébés soient presque toujours séparés. Nous laissons les bébés dans des voitures, des poussettes, des parcs en plastique, des garderies ou des crèches et, même quand nous sommes à la maison avec nos bébés et qu'il nous est possible de les toucher, on nous conseille parfois de les laisser pleurer et souffrir seuls dans leur coin.

Ce style de vie oblige les bébés à subir une tension incroyable, mais heureusement, la mode change et le bon sens revient à la surface pour laisser bébé établir les normes. Saviez-vous que l'allaitement maternel dans notre pays était en voie d'extinction vers les années soixante jusqu'à ce que d'assez nombreuses recherches finissent par prouver que Mère Nature possédait la meilleure recette ? Il est difficile d'imaginer que nous étions prêtes à croire les manufacturiers de lait maternisé qui tentaient de nous convaincre du contraire ! De la même façon, aujourd'hui, bien des recherches prouvent que les bébés ont besoin qu'on les touche suffisamment, tout comme ils ont besoin qu'on les nourrisse suffisamment.

Voici ce qu'en dit le psychanalyste australien Peter Cook : « Je crois que l'enfant élevé dans les sociétés anglophones émerge d'une époque au cours de laquelle bien des croyances, des valeurs, des attitudes et des pratiques largement répandues ont été tellement peu en harmonie avec les exigences naturelles de la génétique et les besoins des mères et de leurs enfants en développement, qu'elles ont contribué à créer des conflits, des tensions et des désordres dans les comportements et les émotions chez le nourrisson et l'enfant en développement. »

Il explique que notre problème tient à ce que nous ne nous fions pas à nos enfants. Nous avons inventé cette notion que les enfants étaient des petites choses égoïstes, manipulatrices et tyranniques qui sont là pour nous rendre esclaves au lieu de reconnaître la vérité toute simple qui consiste à voir qu'ils sont naturellement dépendants de nous pour assouvir leurs besoins. Nous dressons les enfants comme s'ils étaient nos adversaires au moment même où nous devrions désespérément forger avec eux des liens de coopération et d'amour.

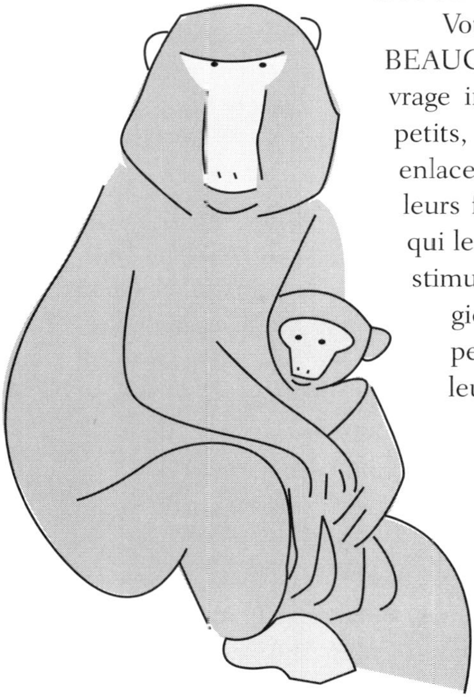

Votre bébé a besoin que vous le touchiez BEAUCOUP. Ashley Montagu dit, dans son ouvrage intitulé *Touching*: « La manière dont les petits, chez tous les mammifères, étreignent et enlacent le corps de leur mère et les corps de leurs frères et sœurs, ou de tout autre animal qui leur est présenté, suggère fortement que la stimulation cutanée constitue un besoin biologique essentiel, aussi bien pour le développement de leur corps que pour celui de leurs comportements. »

Il est ridicule de croire que cela peut nuire aux bébés d'être trop souvent touchés, bien que cette idée soit malheureusement très répandue. Toutes les recherches récentes prouvent que rien n'est plus loin de la vérité. Les bébés ont de réels besoins physiques et émotifs. Assouvissez-les ! Dans vos bras, un bébé en arrive à voir les choses comme vous les voyez, ce qui lui donne une occasion inestimable de comprendre comment le monde fonctionne. Même pendant les premières étapes de sa vie, le bébé apprend à connaître la société qui sera la sienne à l'avenir.

Il faut développer certaines habiletés pour trimballer un bébé en tout temps, mais cela en vaut la peine ! Les bébés sont lourds à transporter au début, mais en vérité, aussi étrange et magique que cela puisse paraître, quand ils prennent du poids ils deviennent de plus en plus faciles à promener. Ce phénomène est dû en partie au fait que vers l'âge de quatre ans, les bébés commencent à s'aider en se tenant après vous et en redressant leur dos pendant qu'ils vous enfourchent. Il est également dû au fait que si vous vous habituez à porter le bébé, votre force augmentera plus vite que le poids de votre bébé. Bébé devient votre entraîneur personnel, augmentant votre résistance par petits échelons à mesure que vous y êtes prête, ce qui constitue votre programme individuel de poids et haltères.

Le moyen le plus facile d'avoir un programme d'entraînement régulier, et de loin, c'est de porter bébé sur vous. Il adorera ! Lisez ce qui suit pour connaître toutes les raisons pour lesquelles vous aussi adorerez cela.

14.

Portez bébé sanglé sur vous

Les bébés sont heureux dans des sangles de portage. Voilà l'une des choses que vous constaterez si vous écoutez votre bébé et croyez en sa sagesse. Votre bébé ne veut pas être abandonné tout seul dans un lit à barreaux ou dans un carrosse tandis que vous vaquez à vos occupations. Bébé pleure pour vous le faire savoir. Pourtant, si vous vous mettez à le prendre dans vos bras toute la journée, vous vous retrouverez épuisée et improductive. La solution, c'est de l'attacher à votre poitrine avec une écharpe porte-bébé, qu'on appelle aussi une « bandoulière ». Cet accessoire devrait être la toute première chose à mettre dans votre liste d'achats. Je n'insisterai jamais assez pour dire à quel point cela améliorera votre vie et celle de votre bébé.

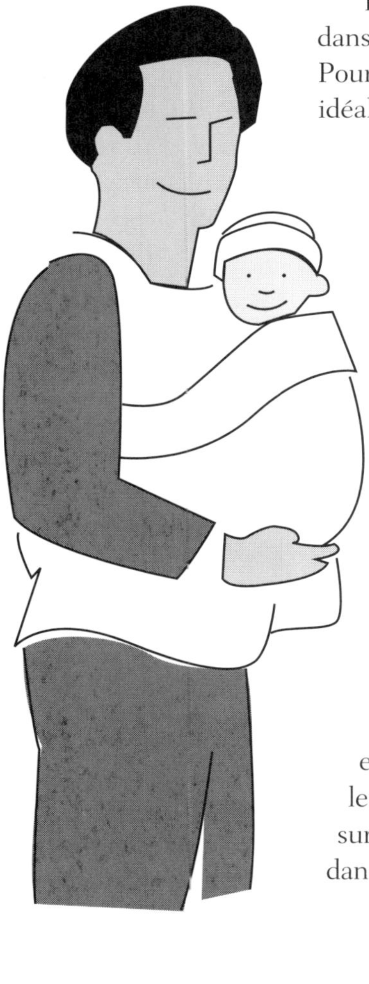

Dans d'autres sociétés, les bébés ont été portés dans des sangles pendant des centaines d'années. Pourquoi ? Parce que ce système offre la situation idéale aussi bien pour les parents que pour leur progéniture. Une fois que vous serez habitué à « porter » votre bébé (comme on « porte » un vêtement), vous serez étonné de voir que vous pouvez faire à peu près tout ce que vous faisiez avant l'arrivée de bébé. Cependant, l'aspect pratique n'est qu'une des nombreuses raisons qui peuvent vous inciter à adopter cette coutume immémoriale.

La naissance propulse le bébé dans un ensemble de situations inconnues qui peuvent s'avérer terrifiantes pour lui. La meilleure manière de soulager ce choc de la naissance et de faciliter la transition consiste à rendre les choses les plus familières possible pour bébé. Dans une bandoulière, un bébé peut se lover confortablement dans la position du fœtus ; il peut écouter battre le cœur de maman ou de papa et entendre sa voix, sentir sa respiration et sa chaleur, et apprécier son rythme de marche. Faut-il se surprendre de constater que les bébés s'épanouissent dans de telles conditions et détestent se retrouver seuls dans un lit à barreaux ou une poussette ? Nous avons parlé de la théorie selon laquelle nous devrions considérer que la période de gestation chez les humains dure 18 mois : 9 mois dans le ventre et 9 mois en dehors. Porter bébé constitue la solution idéale pour vivre cette seconde période de neuf mois.

Le fait de porter les bébés les aide à régulariser leurs systèmes physiologiques, à distinguer le jour de la nuit, à développer leur sens de l'équilibre et à rester en santé. Voici ce qu'explique le docteur William Sears.

> Un comportement tapageur et désordonné est un symptôme de repli sur soi, le résultat de la perte des effets régulateurs de l'attachement à la mère. Les bébés ne devraient pas être laissés seuls pour se calmer eux-mêmes, ainsi que le suggèrent certains conseillers en éducation. Ce style d'éducation qui prône le détachement ne correspond ni au simple bon sens, ni à l'expérience, ni aux recherches. Les recherches comportementales ont démontré maintes et maintes fois que les nourrissons sont plus anxieux et agités quand ils sont séparés de leur mère. Bien qu'il y ait plusieurs théories sur l'éducation des enfants, les chercheurs prônant l'attachement s'entendent tous sur un fait : pour que l'enfant fonctionne de façon optimale sur les plans émotif, intellectuel et physiologique, la présence continue de la mère, par exemple quand la mère porte son enfant sur elle, constitue une influence régulatrice nécessaire.

Porter bébé permet facilement d'allaiter n'importe où, mais cela est encore plus important quand les bébés sont nourris au biberon. Les études ont démontré que pour former des liens, le contact continu que procure l'usage d'une bandoulière est même plus bénéfique en soi que l'allaitement. Les bébés ont de l'énergie en surcroît et ils n'arrivent pas à décharger cette énergie tout seuls. Un bébé y arrive par l'entremise de la personne qui s'occupe de lui, en participant — du haut de son poste d'observation — à ses promenades, à ses conversations, à ses rires, à son travail et à ses jeux. Voilà le cadre dans lequel les liens se créent, peu importe comment bébé est nourri.

15. Choisissez les meilleures bandoulières pour vous, et ensuite, pratiquez !

Quand je sors avec Tucker, les gens m'arrêtent constamment pour me dire : « Où avez-vous pris cela ? Ça semble tellement confortable ! » La plupart des porte-bébés disponibles dans les magasins ne sont pas de vraies bandoulières. Ils attachent bébé contre votre corps en l'obligeant à adopter des positions qui le restreignent et qui ne sont pas naturelles. Ils distribuent le poids du bébé de façon inégale et obligent la personne qui porte le bébé à subir une énorme pression au cou, aux épaules et dans les muscles du dos. Ces porte-bébés finissent par trouver place dans le fond d'un placard et bébé se retrouve dans la poussette. Mais toutes mes amies-mamans qui utilisent de véritables bandoulières en sont d'ardentes partisanes et ne sortent jamais sans en porter une. Voici quelques conseils qui vous permettront de reconnaître les véritables bandoulières.

Ma bandoulière préférée est de celles qui croisent par-dessus l'épaule*. Elles sont incroyablement confortables et fabriquées dans de très jolis tissus. Des anneaux en nylon permettent de les ajuster facilement afin de les adapter à toutes les tailles de porteurs, bien qu'elles soient déjà disponibles en plusieurs tailles, ce qui permet un ajustement parfait. Le rembourrage et même la distribution du poids du bébé contribuent à son confort tout au long du jour et elles conviennent aux bébés de leur naissance jusqu'à l'âge de quatre ans. On les trouve dans certaines boutiques spécialisées.

La chose la plus importante à retenir à l'achat d'une bandoulière est que cet accessoire vous semblera bizarre à première vue. Plusieurs mamans me disent: «J'en ai acheté une, mais je n'ai jamais réussi à l'installer» ou encore «Je ne trouvais pas cela confortable du tout». On trouve rarement naturel du premier coup le port d'une bandoulière. Ceux et celles qui l'essaient pour la première fois font souvent l'erreur d'inaugurer leur bandoulière lors d'une sortie à l'extérieur, quand le bébé est déjà agité.

Pratiquez-vous à la maison avec votre bandoulière pendant quelques jours avant de vous aventurer à l'extérieur. Essayez toutes les positions possi-

---

* [N. de la T.: Les bandoulières proposées par l'auteur se trouvent sur le marché américain. Au Canada, on en trouve peu. Certaines entreprises qui fabriquent des bandoulières et qui sont mentionnées dans le livre ont un site Internet. On peut y voir les bandoulières que recommande plus particulièrement l'auteur, celles de l'entreprise *Over the Shoulder Baby Holder*. Leur numéro de téléphone est le 1 800 637-9246. On trouve l'équivalent européen sur le réseau: l'écharpe porte-bébé *Didymos*, fabriquée en Allemagne. L'auteur parle aussi de Nojo, qui propose *The Original Baby Sling*, une bandoulière appréciée des personnes de grande taille, et *Cuddleme*, disponible dans quelques boutiques au Québec et sur le marché canadien. Maya Wrap offre un autre modèle moins coussiné que l'on peut commander au numéro 1 888 MAYAWRAP. Reste enfin le *New Native Baby Carrier*, 1 800 646-1682. Au Canada, l'entreprise *Heart-to-Heart* fabrique une bandoulière que l'on trouve à Montréal au magasin 9 Mois Plus Tard.

bles et assurez-vous toujours que le fond de la bandoulière croise *au bas* de votre dos. Le bébé coopérera mieux si vous commencez à marcher dès qu'il est installé dans la bandoulière. Les bandoulières viennent toujours avec un mode d'emploi et vous pouvez consulter le livre de William et Martha Sears, *The Baby Book,* qui contient une excellente section illustrée sur les bandoulières. Croyez-moi : l'embarras du début disparaîtra rapidement et vous ne croirez pas que vous avez déjà vécu sans cet accessoire indispensable !

16.
Laissez bébé dormir là où il est le plus heureux

Alors que certaines autorités continuent de conseiller le contraire, de nombreux psychologues spécialisés dans le développement et de plus en plus de spécialistes en puériculture approuvent l'idée d'un lit familial. Depuis l'âge de pierre, les bébés dorment avec leur maman et le partage du lit a été de toutes les sociétés jusqu'à une époque toute récente par rapport au long cheminement de l'évolution humaine.

La coutume voulant que les enfants dorment séparés de leurs mères est récente et n'existe que dans certaines régions du monde, et comme tous les parents le savent, la plupart des bébés ont beaucoup de difficulté à s'y faire. Le plus connu des adeptes actuels du lit séparé pour les bébés, et qui suggère d'obliger les bébés à dormir seuls, est un médecin dont la célèbre méthode pour entraîner les enfants au sommeil suggère également de les isoler dans leur lit et de les laisser pleurer avant de s'endormir.

Tout en reconnaissant que le bébé protestera violemment contre cette situation, ce médecin insiste pour dire aux parents de ne jamais s'abandonner à l'instinct qui les pousserait à prendre bébé dans leur lit. Il recommande de laisser bébé dans son lit à barreaux, peu importe à quel point il crie, et de le laisser faire au cours de périodes de plus en plus longues avant d'aller le réconforter : jusqu'à ce que le bébé comprenne que personne ne répondra à ses pleurs et qu'il se mette à s'endormir tout seul sans trop protester.

Le livre de ce médecin a gagné en popularité parce qu'il tient ses promesses : les bébés finissent par arrêter de déranger leurs parents pendant la nuit. Toutefois, les parents n'auraient jamais adopté sa technique si ce médecin ne leur avait pas assuré à maintes reprises que cet apprentissage du sommeil était dans le meilleur intérêt de leur enfant. Bien que je sois convaincue que ce médecin croyait dire vrai, bien des chercheurs ont prouvé le contraire : un bébé ainsi privé d'attention pendant la nuit souffre d'une difficulté à former son Moi en pleine émergence.

Tine Thevenin, spécialiste en puériculture, écrit ceci : « Un enfant qui a été forcé d'accepter, après des nuits de cris apeurés, que ses parents ne viennent pas à sa rescousse, semblera capituler et accepter sa condition. On ne peut que s'inquiéter, toutefois, des effets durables que ce sentiment d'abandon, cette colère, cette peur auront sur l'enfant pour le reste de ses jours. C'est une expérience très marquante que d'appeler à l'aide un autre être humain et d'en être ignoré. »

Elle fait remarquer qu'à travers les âges, le rejet a été utilisé comme la forme la plus sévère de punition dans bien des civilisations, y compris chez les tribus aborigènes d'Australie, les citoyens romains, les cultivateurs Amish et les cadets de l'armée. Selon Mihaly Csikszentmihalyi, ancien doyen de la faculté de psychologie de l'université de Chicago, « souvent, la pire sanction qu'un groupe puisse imposer à ses membres est le rejet. La personne qu'on ignore de la sorte devient de plus en plus dépressive, et bientôt elle commence à douter de sa propre existence... Sur le plan biologique, nous sommes programmés pour considérer les autres êtres humains comme les éléments les plus importants au monde. » Imaginez l'effet puissant qu'un enfant peut ressentir alors qu'il a déjà si peu d'emprise sur une existence qui débute à peine !

Si jamais vous êtes tentée de laisser votre bébé pleurer, s'il vous plaît lisez le livre *Nighttime Parenting,* du docteur William Sears. De façon humaine et sensible, il propose des conseils judicieux pour aider bébé à dormir sans le soumettre aux dommages psychologiques qui pourraient lui nuire tout au long de sa vie.

C'est par hasard que mon amie Julie prit l'habitude de dormir avec son bébé, Loukas, la nuit même où celui-ci vint au monde. Encore à l'hôpital, recouvrant d'une césarienne, elle allaitait Loukas au milieu de la nuit quand celui-ci, elle et son mari tombèrent tous endormis. (Le papa devait ramener Loukas à la pouponnière après la tétée.) L'infirmière répri-

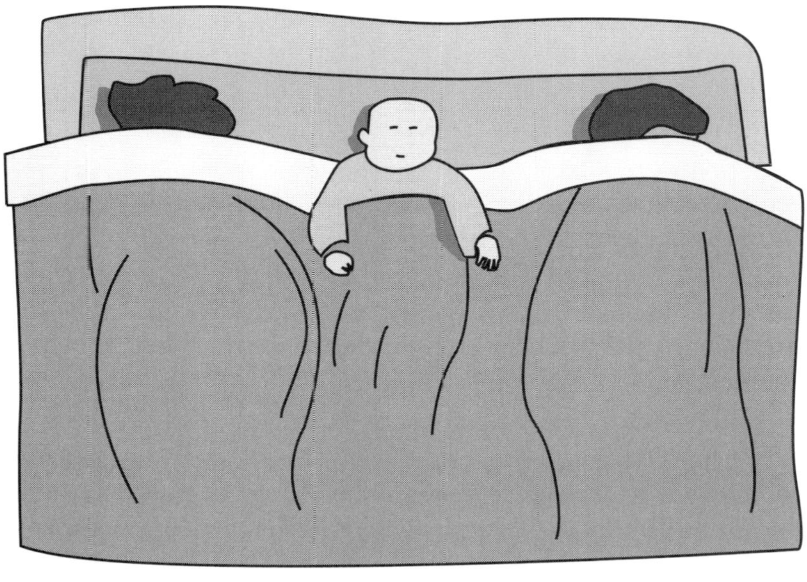

manda la paisible petite famille quand elle les découvrit, mais Julie sut dès ce moment que c'est de cette manière qu'elle et Loukas allaient désormais passer leurs nuits. Quand il était question de ses nuits avec son fils, elle disait qu'elle avait l'impression *d'être au paradis*.

Aujourd'hui, Loukas est un bébé calme, doux et charmant, et Julie continue d'apprécier l'expérience familiale du lit partagé. Voici ce qu'elle écrit dans le livre d'enfant de Loukas : « Le papa aussi aime bien ces moments où l'on sombre dans le sommeil et où l'on se réveille. Il voyage et travaille de longues heures, de sorte que ce contact avec Loukas au moment du coucher, la nuit et au petit matin les aide vraiment à se connaître et à se rapprocher l'un de l'autre. Le fait d'avoir Loukas à mes côtés m'aide à être une meilleure mère parce que je peux le réconforter avant qu'il ne s'éveille d'un sommeil agité. Il ne pleure même pas pour m'avertir qu'il est réveillé. Il garde ses larmes pour les occasions où il se fait mal en tombant ou qu'il est malade. Le lit familial a sans conteste contribué à faire de Loukas un bébé heureux. »

Évidemment, chaque famille doit au bout du compte choisir ce qui lui convient le mieux. J'ai entendu dire qu'en réalité, certains bébés préfèrent dormir seuls et, si tel est le cas pour votre enfant, vous ne lui ferez aucun mal en respectant ses préférences. Ou encore, certains parents sont tout à fait convaincus qu'ils ne seront pas heureux s'ils partagent leur lit. Dans de tels cas, il vaut mieux que le bébé dorme à part plutôt qu'avec des parents dérangés par sa présence.

Au sujet des lits familiaux, voici ce que dit Penelope Leach.

> Partager un lit familial n'empêchera pas votre bébé de s'éveiller et ne vous évitera pas de le nourrir la nuit au cours des premières semaines. Mais si votre bébé partage votre lit, ses réveils et ses tétées vous dérangeront beaucoup moins que si vous avez à vous rendre à sa chambre. Comme il est là où il préfère être — tout près de vous — il retrouvera le sommeil beaucoup plus rapidement et facilement. En vieillissant, les bébés qui dorment dans des lits

familiaux depuis le début s'éveillent souvent beaucoup moins que les autres bébés pendant la nuit. Quand ils grandissent encore plus, ils peuvent se réveiller sans trouver qu'il est nécessaire de vous réveiller. Après tout, un nourrisson qui est avec vous dans le lit n'a pas à crier pour avoir un câlin puisqu'il en a déjà un et qu'il peut tout simplement se serrer contre vous.

17.
Si vous devez montrer à votre bébé à dormir dans un lit à barreaux, faites-le avec amour

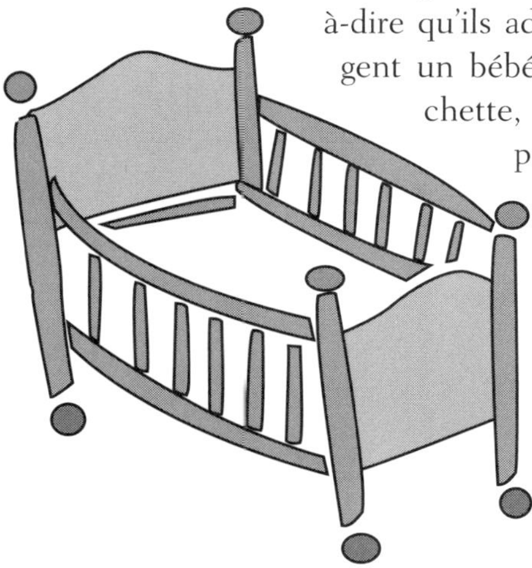

Certains parents entraînent leurs enfants au sommeil, c'est-à-dire qu'ils adoptent un rituel au cours duquel ils obligent un bébé à accepter de dormir seul dans sa couchette, dans une chambre séparée de celle de ses parents. Pour y arriver, divers experts prescrivent diverses routines, mais la plupart exigent de laisser l'enfant pleurer seul pendant un certain temps, jusqu'à ce qu'il renonce et accepte son sort.

Une mère pourrait penser que si elle ne laisse pleurer son enfant qu'un petit moment, celui-ci n'en souffrira pas, mais nous devons nous rappeler que les bébés n'ont pas la notion du temps. Le sentiment d'abandon que vit un bébé est à chaque instant aussi réel que si sa mère était à jamais incapable de s'occuper de lui et l'avait laissé seul pour toujours.

Si vous tenez mordicus à ne pas accueillir votre bébé dans votre lit ou au moins dans votre chambre, adoptez l'approche de Penelope Leach qui me semble la plus humaine. Votre bébé risque fort de pleurer quand vous le laisserez dans son lit, puisque cela est contre-nature, mais le laisser pleurer tout seul n'est pas l'unique choix qui s'offre à vous.

Leach suggère de vous rendre auprès de votre bébé chaque fois qu'il pleure. Ne sortez pas le bébé de sa couchette et ne jouez pas avec lui, mais touchez-le, réconfortez-le et parlez-lui tant qu'il n'a pas cessé de pleurer. Si vous l'allaitez, le bébé acceptera probablement mieux cette routine venant de papa plutôt que de vous. Ce sera une tâche ardue pendant un certain temps, mais à un moment donné le bébé comprendra que ses pleurs ne le feront pas sortir du lit. Vous lui éviterez toutefois d'en déduire qu'il n'a pas de valeur et que ses parents ne se préoccupent ni de ses malaises ni de ses peurs, ce qu'il risquerait autrement de retenir comme corollaire de son entraînement au sommeil. (Voir le Conseil n° 59 sur les cassettes pour *bébé-qui-va-au-lit*.)

Soyez consciente que même avec les méthodes les plus acharnées, bien des bébés ne s'y conformeront tout simplement jamais. Ces bébés déterminés continuent toujours à espérer que vous viendrez les trouver s'ils se manifestent suffisamment. Si vous avez un enfant de ce genre, je vous en prie, abandonnez la bataille et écoutez votre cœur. D'une façon ou d'une autre, cet enfant est convaincu qu'il vaut la peine que vous y consacriez du temps et de l'attention : ne le décevez pas !

18. Respectez les réflexes primaires

Les nourrissons ne peuvent contrôler leurs membres. Cela les ennuie sans bon sens. Imaginez que vos bras et vos jambes battent l'air, frémissant et s'agitant, et que vous êtes incapable de les arrêter ou de régulariser leur activité. Cette déficience neuromusculaire est l'une des principales raisons pour lesquelles les enfants pleurent quand on les laisse seuls sur le dos. Comment transformer ce bébé agité en bébé heureux ? Prenez-le dans vos bras et collez-le contre vous. Comme les pièces d'un puzzle, votre corps et le sien vont ensemble, ce qui minimise ces mouvements désorganisés et ennuyeux.

En tenant votre nourrisson contre votre corps, l'enfant sent une pression dans toutes les directions, comme dans le ventre de sa mère. Il se place dans la position du fœtus, la position la plus calmante et confortable qui soit pour des nourrissons. C'est également une position qui favorise la régulation de leur digestion et de leur température.

En tenant bébé fermement dans vos bras une grande partie de la journée (une bandoulière aide énormément), il se sentira beaucoup moins souvent en proie au réflexe de Moro ou réflexe d'embrassement. Le fait de prendre bébé et de le déposer souvent n'est pas aussi bénéfique, car le bébé risque de recommencer à s'agiter chaque fois que vous le relâcherez.

19.

L'emmailloter ou non ? Laissez bébé décider

Certains bébés raffolent de se sentir enserrés, comme lorsqu'ils sont fermement enveloppés dans une couverture douce. Cela les aide à empêcher leurs membres de s'agiter et leur permet de ne pas être en proie au réflexe de Moro. Pour plusieurs, un bon maillot bien serré semble comme une couche supplémentaire de caresses. Le fait d'avoir tout le corps fermement enserré leur rappelle ce qu'ils ressentaient dans le ventre de leur mère : plus la pression les enserre, plus l'association est forte et plus ils se sentent bien.

En revanche, quand bébé est étendu sans maillot dans un berceau ou un moïse, la pression ne s'exerce que sous son corps, ce qui est loin d'être aussi familier et confortable. Quand on les laisse dans leur couchette, la plupart des bébés cherchent une pression additionnelle en poussant une partie ou l'autre de leur corps sur les côtés du lit ou se tassent dans un coin. Ce qu'ils recherchent, bien sûr, c'est la chaleur du corps de leur mère pour s'y coller, mais en son absence, ils s'arrangent pour que tout ce qui se présente contribue à leur donner l'impression d'être entourés.

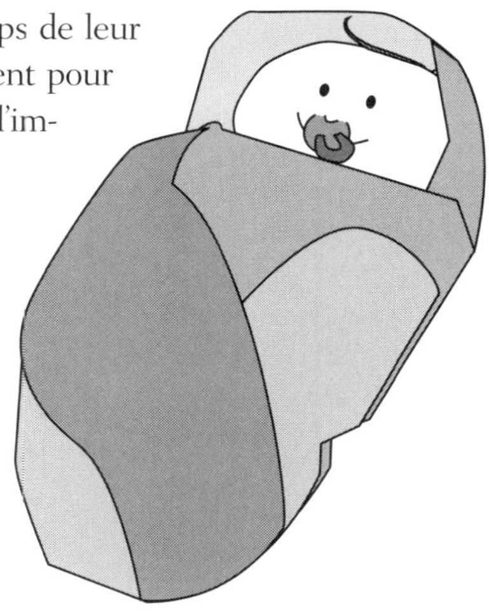

Pourtant, certains bébés n'acceptent pas volontiers d'être emmaillotés et confinés de la sorte. Ils détestent même cela. Essayez des vêtements amples et confortables ainsi que des maillots serrés et voyez ce que votre bébé préfère. La méthode d'essais et d'erreurs est la seule qui vous permettra de connaître votre bébé, alors prêtez attention à sa manière de réagir à tout ce que vous faites.

20.

Prenez votre bain avec bébé et faites-lui des massages

Au cours des premiers mois, il y a fort à parier que votre bébé n'aimera pas prendre un bain. D'ailleurs, il est inutile qu'il en prenne un chaque jour. Une fois ou deux par semaine suffit amplement. Cependant, le meilleur moyen de rendre votre enfant heureux à l'heure du bain consiste simplement à entrer dans la baignoire avec lui. Bébé aimera probablement sentir sur lui l'eau tiède s'il peut, en même temps, apprécier le confort de vos bras ou de la poitrine velue de son papa.

Ajustez la température de l'eau selon les goûts du bébé : pour sa peau fine et sensible, l'eau tiède est plus appropriée que l'eau chaude à laquelle vous êtes probablement habituée. Vous pouvez acheter des jouets

flottants pour le bain munis d'un thermomètre et indiquant entre 33 et 37 °C, la zone de confort pour l'eau d'un bain de bébé. Peut-être voudrez-vous descendre le thermostat du réservoir à eau chaude à 48 degrés pour éliminer tout danger de brûlure.

Un peu plus vieux, les bébés aiment en général les bains, surtout quand ils peuvent jouer avec des objets flottants, qu'il y a des chansons dans l'air et beaucoup d'affectueuses attentions de votre part. Les massages savonneux font énormément de bien à ces petits muscles qui travaillent tant, et la baignoire est le lieu idéal pour jouer à nommer les parties du corps.

Pourtant, il y aura bien des protestations quand viendra le temps de rincer le shampooing. Tucker déteste le moment où il lui faut incliner la tête vers l'arrière. Or, il ne se plaint pas si, avec une tasse, je lui verse sur la tête de l'eau que je laisse couler sur son corps. N'oubliez pas d'utiliser du shampooing anti-larmes !

Après le bain, faites un massage au bébé. Dans son livre fascinant, *The Vital Touch,* Sharon Heller affirme que les bébés qui se font masser sont « plus sociables, plus alertes, moins capricieux et agités, ils dorment mieux et ont des mouvements plus calmes. Ils aiment jouer avec leurs mères qui, en retour, aiment encore plus leurs bébés. »

Les massages font également des bébés plus en santé ! Selon le docteur Heller, cela peut améliorer le fonctionnement du système immunitaire pour toute la vie. En plus, « les massages stimulent la circulation du sang et des liquides lymphatiques, charge les muscles d'oxygène et de nutriments frais tout en débarrassant l'organisme des déchets métaboliques, en relâchant les tensions physiques et en calmant les nerfs, car cela abaisse les taux de cortisol et de noradrénaline, ces hormones qui aident à combattre le stress et relâche des endorphines dans le cerveau. »

Jetez un coup d'œil chez votre libraire ou dans les bibliothèques pour y trouver des livres qui montrent comment donner de bons massages aux bébés.

21.
Voyez le monde avec les yeux de bébé

Les bébés vivent complètement et pleinement dans le moment présent. L'idée du passé et de l'avenir leur est totalement et parfaitement inconnue. Chacun des moments que vit bébé lui semble une éternité. S'il ne se sent pas bien, il ne peut pas se consoler en se disant que les choses vont s'arranger.

Les tout premiers mois de la vie d'un bébé ressemblent probablement à un rêve éveillé. Les objets apparaissent et disparaissent ; les bruits sortent du néant et y retournent aussitôt. Il prend connaissance des odeurs, des couleurs et des lumières sans savoir d'où elles proviennent. Les bébés absorbent toutes ces impressions et apprennent graduellement à leur donner un sens.

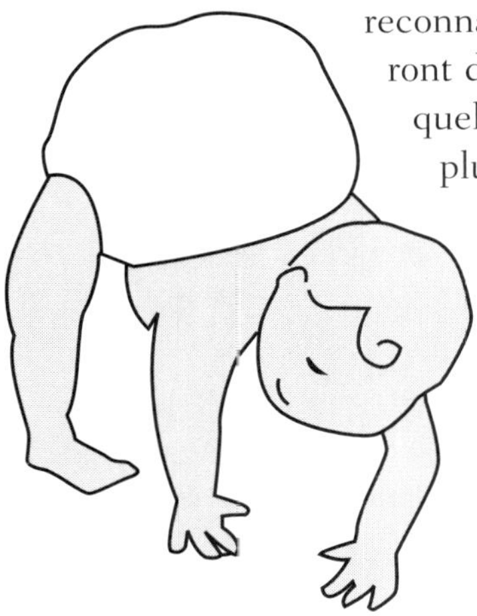

Entre-temps, VOUS êtes son univers. Votre bébé reconnaîtra votre voix et votre odeur qui le réconforteront dès les premières heures de son existence. Après quelques semaines, il reconnaîtra votre visage. La plupart des experts considèrent que les bébés ne se rendent pas compte qu'ils sont des êtres distincts. Quand maman chante, il y a des chances que bébé sente : « Nous chantons ».

En général, la mémoire commence à se mettre en marche vers l'âge de trois ou quatre mois. À partir de ce moment-là, bébé commencera à se rappeler les autres personnes et les objets qu'il voit souvent. Il préférera aux autres ces personnes qui sont proches de lui et il se sentira particulièrement à l'aise au cours des moments de la journée qui reviennent de façon régulière, comme l'heure des tétées et le temps passé dans sa bandoulière. Vous resterez la personne la plus importante de sa vie, mais il commencera du moins à reconnaître qu'il y a d'autres choses intéressantes en plus de maman.

22.

En dépensant pour bébé, pensez à le rendre heureux

Chacun alloue un certain montant d'argent pour les dépenses reliées à un nouveau-né. Le montant que vous avez à dépenser ne compte pas tant que la manière de le dépenser. Les bébés n'ont pas besoin d'une chambre à eux. Les parents ont beaucoup plus de plaisir à meubler et à décorer une chambre de bébé que le bébé n'a de plaisir à y vivre. En réalité, si l'idée consiste à laisser bébé seul dans sa chambre à l'heure du dodo ou en tout autre temps, alors cette dépense risque de le rendre plus malheureux qu'heureux. Si vous tenez absolument à décorer une chambre d'enfant, et que vous en avez amplement les moyens, allez-y gaie-

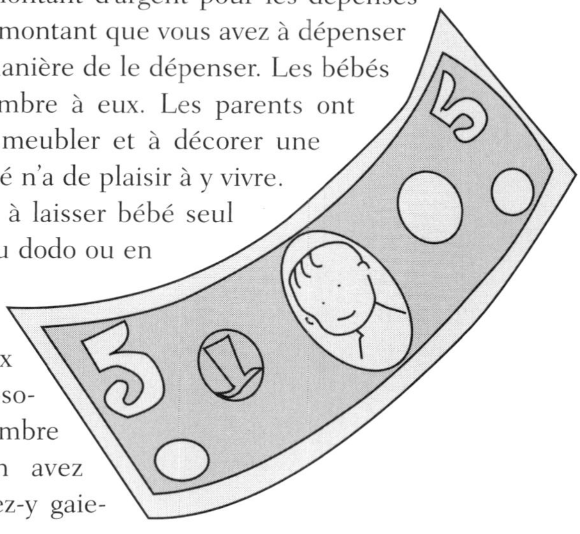

ment, mais essayez plutôt de voir la chambre de bébé comme un lieu d'entreposage pour ses vêtements et ses jouets, et non un lieu où bébé vivra.

Les bébés heureux n'ont pas besoin de lits à barreaux, de poussettes, de balançoires, de parcs ni de chaises hautes. Toutes ces inventions ne servent qu'à empêcher bébé d'avoir des contacts avec les humains, ce qui le rend malheureux. Les quelques conseils présentés plus bas vous donneront des idées pour savoir comment dépenser tout ce fric que je viens de vous faire épargner. Si vous êtes enceinte et que vous n'avez pas encore demandé de cadeaux à votre entourage, continuez votre lecture, vous y trouverez de nouvelles idées pour votre liste de suggestions de cadeaux!

23. Au lieu d'acheter un lit à barreaux, prenez bébé dans votre lit

Partout dans le monde, des parents prennent leurs bébés avec eux dans le lit, et pas seulement dans des sociétés qui sont très différentes de la nôtre. Chaque matin, au Japon, en Afrique, en Israël, au Mexique, en Suède, des bébés s'éveillent heureux et en sécurité auprès de ceux qu'ils aiment. Or, bien que de nombreux conseillers américains en puériculture continuent à donner des avis dépassés sur les avantages qu'il y a à laisser bébé dormir seul, des sondages ont démontré que de 25 à 30 % des Américains ne les écoutent pas.

Si ces parents font cela, c'est que c'est tellement plus agréable, en plus de tous les arguments présentés dans le présent livre et qui montrent que cela vaut mieux — et pour la santé des bébés et pour créer des liens avec eux. Bien sûr, il faut certains ajustements, mais une fois que vous vous serez habituée à avoir ce chaleureux petit corps blotti contre vous la nuit, vous ne pourrez vous empêcher de reconnaître à quel point cela est bon. Surtout si vous avez eu une journée agitée ou que vous avez dû vous éloigner de bébé plus que vous ne l'auriez souhaité, la nuit deviendra alors un havre de calme et de protection pour rattraper amoureusement le temps perdu. Si votre lit est trop petit pour accueillir un nouvel occupant, pourquoi ne pas prendre un peu de cet argent que vous auriez dépensé sur la décoration de la chambre d'enfant et le consacrer à l'achat d'un plus grand lit pour vous, votre conjoint et le bébé ?

Une autre option consiste à acheter une couchette d'appoint. On en vend dans les catalogues d'articles pour bébés et dans certains magasins où l'on trouve des meubles pour enfants. Une couchette d'appoint ressemble à un lit à barreaux, mais elle s'attache sur le côté de votre lit de sorte que bébé peut dormir à vos côtés. Cette solution ne permet pas autant de s'enlacer, mais peut très bien convenir à ces parents qui ont tendance à craindre de partager leur lit avec un si petit bébé. Une entreprise californienne, *Arm's Reach,* fabrique de ces couchettes d'appoint qui se transforment par la suite en

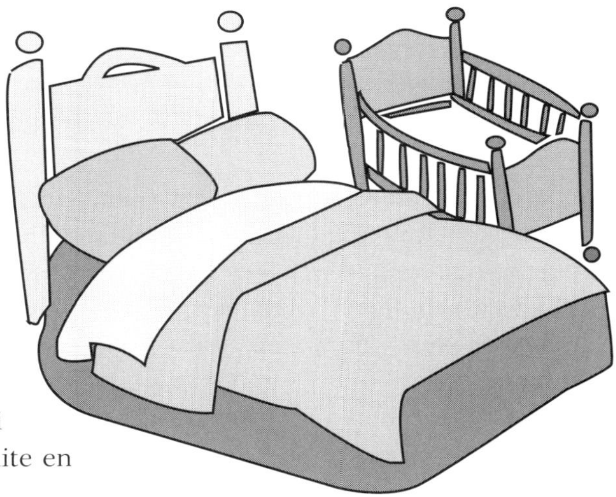

parc de jeu. (Je ne recommande en aucun cas de mettre votre bébé dans des parcs, mais ceux-ci constituent d'excellentes boîtes à ranger les jouets !) Au Québec, on peut commander les articles de cette entreprise chez Bébé Plus, Plaza Saint-Hubert, Montréal, (514) 271-5200. Pour voir ces articles, on peut également consulter le site Internet de l'entreprise (*www.armsreach.com*).

Si vous avez déjà un lit à barreaux classique, vous pourrez facilement vous en servir pour agrandir la surface de votre lit. Retirez simplement un des panneaux du lit à barreaux et placez ensuite la couchette juste à côté de votre lit, le plus près possible. Ajustez également le matelas du lit à barreaux pour qu'il soit au même niveau que votre propre matelas. Si les matelas ne coïncident pas encore assez pour vous rassurer, vous pouvez acheter un matelas en caoutchouc-mousse, qui servira de pont de lit, et le tailler selon vos besoins. Certains ponts de lit sont fabriqués spécialement pour réunir deux lits jumeaux et en faire un très grand lit deux places, aussi vous en trouverez dans des magasins de lits pour adultes plutôt que dans les magasins d'articles pour enfants.

Pour ma part, j'aime bien la formule du lit à barreaux modifié, que je préfère à la couchette d'appoint parce que cela permet à tous les occupants du lit d'avoir plus de place. C'est ainsi que nous avons organisé le lit de Tucker et, presque tous les matins, nous nous retrouvons, mon mari ou moi, occupant une partie du lit d'enfant, tandis que Tucker se retrouve au beau milieu du grand lit.

Il n'y a pas de mots pour dire le bonheur de se réveiller avec un bébé joyeux et affectueux. J'aurais de la difficulté à dire lequel de nous trois retire le plus de bénéfices de cette demi-heure de rires, de chatouilles et de caresses qui démarre chacune de nos journées, mais je sais que notre famille ne serait pas la même sans ces moments.

24.

Au lieu d'acheter une poussette coûteuse, achetez plusieurs bandoulières

Portez bébé dans une bandoulière quand vous sortez. Cela ne fait que *paraître* épuisant ; vous vous y habituerez, c'est sûr ! Vous serez tellement accoutumée à le porter que vous vous sentirez tout drôles quand vous ne l'aurez pas. Rappelez-vous que les bébés sont comme des mini-entraîneurs sportifs, vous incitant à augmenter peu à peu votre force musculaire, de telle sorte qu'il devient de plus en plus facile de les trimballer.

Confinés dans des poussettes, les bébés perdent à chaque sortie d'inestimables occasions d'apprendre ! S'ils sont couchés, tout ce qu'ils voient c'est le ciel ou l'intérieur de la poussette. S'ils sont assis, tout ce qu'ils voient c'est le spectacle lugubre et difforme d'un monde à hauteur de genoux. Tout ce qu'ils entendent, ce sont des bruits perdus et tout ce qu'ils sentent contre leur corps, ce sont les rigides parois de la poussette.

Songez à quel point votre bébé bénéficie de ses promenades quand il est en position debout, à la hauteur de votre poitrine, juste à vos côtés. Il sent votre odeur, entend votre voix, ressent votre chaleur et votre toucher. Quand vous lui parlez de ce qui se passe, il a l'occasion d'apprécier votre présence, votre rire, votre monde. Il se sent valorisé en tant que compagnon. Il est *relié ;* il peut voir la rue, le parc, votre voisinage — peu importe où vous l'amenez —, la manière dont vous voyez tout cela, la manière dont il le verra lui-même quand il sera devenu un membre à part entière de la société.

En plus du fait que ce mode de transport est meilleur pour bébé, il est aussi meilleur pour vous ! Les mamans que je connais et qui utilisent régulièrement des bandoulières au lieu de poussettes apprécient vraiment les promenades qu'elles font avec leur bébé, où qu'elles aillent. Elles ne considèrent pas du tout leurs bébés comme un inconvénient ; au contraire, elles songent à leurs bébés comme à des compagnons appréciés qui rendent les sorties plus intéressantes.

Peut-être voudrez-vous avoir une petite poussette peu coûteuse pour les fois où vous devrez transporter certains articles, en plus du bébé. Quand je fais les courses, Tucker est toujours dans sa bandoulière, mais j'apporte souvent la poussette avec moi pour y entasser mes emplettes ! Cela est également pratique pour trimballer un gros sac de couches, bien qu'il soit rarement nécessaire de sortir de l'auto tout le sac étant donné que les bandoulières constituent d'excellents fourre-tout. Je n'apporte même pas de sac à main avec moi. Je glisse une couche dans le fond de la bandoulière, sous les fesses de Tucker, ainsi qu'un sac de plastique refermable contenant quelques serviettes. Mon portefeuille (où je mets également mes clés) est coincé derrière le dos de Tucker. La bandoulière sert de matelas quand vient le temps de changer de couche.

Croyez-moi, il est beaucoup plus facile d'instaurer cette routine que de sortir une poussette du coffre de l'auto, de se battre pour l'ouvrir, de la remplir avec un encombrant sac de couches et un bébé qui proteste à tue-tête, de vous glisser dans la foule et de rechercher ces ascenseurs toujours si difficiles à trouver dans les magasins et les édifices publics ! (Voyez le Conseil n° 15 pour les meilleures bandoulières et comment les choisir.)

25.

Ne tablez pas sur les « contient-bébé »

La balançoire à bébé est devenue une dangereuse gardienne d'enfants. Même s'il est vrai que votre bébé préfère bouger plutôt que d'être immobilisé dans un quelconque contenant à bébé, le mouvement du balancement n'est pas du genre dont il raffole. Les bébés ont besoin de la variété de mouvements qu'ils retrouvent en se promenant avec un humain en action. Dans une balançoire, la monotonie du mouvement de l'avant vers l'arrière peut mettre les bébés dans des états hypnotiques qui ne favorisent en rien leur développement. Ces petits zombies sans défense se réfugieront souvent dans un sommeil trouble pour fuir cette stimulation répétitive. Mieux vaut prendre votre argent pour engager une jeune personne du voisinage qui sera fiable et qui portera votre bébé le temps que vous fassiez ce que vous tenez à faire pendant qu'elle se balancera.

Les parcs ne servent à rien d'autre qu'à contenir des jouets et des articles de bébé. Prenez le temps d'organiser votre maison en fonction de l'enfant, de sorte que vous n'aurez pas à enfermer votre enfant dans une cage, ce qui limite dangereusement ses possibilités de croître et de se développer à son propre rythme.

Les chaises hautes ne sont pas un mauvais achat si elles sont utilisées le temps de certains repas, mais bien des bébés mangent beaucoup mieux et plus volontiers quand ils sont sur les genoux de leurs parents. Après environ 18 mois, on attribue à bébé un siège adaptable autour de la table familiale, ce qui lui donne le sentiment de graduer, coûte beaucoup moins cher, prend moins d'espace et donne à bébé un plus grand sentiment d'appartenance.

Bien sûr, au cours de certains moments de la journée, l'enfant ne pourra pas être dans vos bras (ni dans les bras de personne). Dans ce cas, il est très convenable de le déposer sur le tapis ou sur une couverture douce et propre d'où il peut vous voir. Assurez-vous que ces périodes sont les plus brèves possible, surtout si bébé n'y trouve pas de plaisir. Une fois que bébé pourra s'asseoir, il aimera davantage passer du temps sur le plancher.

26.

Aidez bébé à affronter l'angoisse du siège d'auto

Il y a un accessoire de la catégorie des contient-bébé que vous devrez acheter et utiliser : un siège d'auto. La plupart des sièges d'auto conçus expressément pour les petits bébés sont faits de telle sorte qu'on peut les sortir facilement de l'auto et les utiliser pour balader l'enfant. Étant donné que les bébés s'endorment souvent dans les voitures en marche, un siège mobile vous permet de sortir le bébé de l'auto sans le réveiller. Mais ne vous servez pas de ce porte-bébé à d'autres fins que celle-là. Ce type de contient-bébé le prive d'un contact humain qui lui est très nécessaire et de plusieurs bonnes occasions d'apprendre. Les bandoulières valent beaucoup mieux pour transporter des bébés réveillés, mais si vous faites passer l'enfant du siège d'auto à la bandoulière pendant qu'il dort, vous risquez de le réveiller et, uniquement pour cette raison, les sièges mobiles sont parfois utiles.

Les nouveau-nés aiment souvent la sensation endormante d'une balade en auto, mais à mesure qu'ils vieillissent, la plupart des bébés connaissent au moins une période au cours de laquelle ils n'aiment PAS se faire attacher dans un siège d'auto. Au moment où les mécanismes de leur oreille interne se développent, certains bébés sont parfois plus enclins au mal de cœur. De plus, bébé peut avoir de la difficulté à comprendre pourquoi vous ne le prenez pas dans vos bras alors que vous êtes tout près et que vous entendez très bien sa requête. La séparation est particulièrement difficile à vivre pour les petits qui, seuls dans un siège placé sur la banquette arrière, doivent faire face à l'arrière de la voiture.

Si votre bébé réagit mal à la voiture, tentez de voyager quand il est reposé, repu et à l'aise. Ayez à votre disposition quelques nouveaux jouets à lui offrir. (Nouveau ne veut pas dire qu'ils sortent du magasin. Il peut s'agir d'une chaussette de couleur, à l'intérieur de laquelle vous aurez glissé un vieux jouet en caoutchouc qui fait du bruit et que vous aurez cousue au sommet avec du fil et de jolis rubans.) Chantez-lui des chansons joyeuses et parlez à bébé pour qu'il sache que vous êtes près de lui, et évitez de longs voyages seule avec lui si vous le pouvez. Prévoyez des horaires de voyage souples de sorte que si bébé ne va réellement pas bien, vous pourrez le sortir de son siège et le nourrir ou le réconforter quelque peu avant de reprendre la route.

Toutes les fois que cela est possible au cours de cette phase d'initiation, demandez à quelqu'un d'autre de conduire pour vous asseoir à côté de bébé sur la banquette arrière. Il sera probablement beaucoup plus heureux avec de la compagnie pour chanter et jouer avec lui. Quand vous passez devant certaines choses intéressantes, montrez-les-lui par la fenêtre. Il est facile d'allaiter bébé simplement en vous penchant un peu vers son siège d'auto.

Si vous devez être seule avec bébé dans l'auto et qu'il ne va vraiment pas bien, essayez ce truc dont se sert mon amie Lucie avec sa petite fille, Marianne. Si Marianne commence à faire la capricieuse pendant qu'elles sont sur la route quelque part, Lucie s'arrête dans un parc de stationnement et la nourrit *dans son siège d'auto* tant qu'elle ne tombe pas endormie. Une fois que Marianne dort profondément, Lucie reprend le volant.

27.
Apprenez à rester calme quand bébé n'y arrive pas

Il peut arriver que votre nouveau-né pleure beaucoup. Il va crier et pleurer pour vous faire part de ses besoins, mais il ne peut pas distinguer facilement les sensations de faim, de froid, de chaleur, d'humidité ou de solitude. Tout ce qu'il sait, c'est qu'il se sent mal et toute mauvaise impression suffit à déclencher une attaque de larmes. Il a besoin de vous pour arranger les choses.

Heureusement pour lui, la nature vous a désignée pour vous sentir très mal quand il pleure. En plus du tendre et maternel souci que vous vous faites pour son bien-être, quand vous entendez ses pleurs votre corps vous commanderait volontiers de perdre la tête. Des hormones pour combattre le stress sont relâchées dans votre système sanguin. Votre pression sanguine augmente et le rythme de votre respiration accélère. Vos muscles se tendent. Plus les cris et les pleurs sont puissants, plus ils durent longtemps, plus il se fait de grabuge dans votre métabolisme. Tout cela parce que la nature veut s'assurer que vous FEREZ QUELQUE CHOSE pour que votre bébé se sente mieux. Vos instincts respectifs sont de mèche : celui qui vous commande de vous en occuper et celui qui lui commande de vous signaler ses besoins. Ensemble, ces deux instincts assurent la survie de notre espèce.

Même quand leurs besoins évidents sont assouvis, que nous les tenons dans nos bras et que nous marchons avec eux, certains bébés pleurent tout simplement plus que d'autres. Parfois, rien ne semble pouvoir les consoler. Un parent peut bien se sentir coupable ou irrité, ou coupable de se sentir irrité, mais toute émotion négative ne peut qu'empirer la situation. Si vous avez vraiment fait le tour de toutes les possibilités pour savoir de quoi bébé souffrait, et si vous avez tenté tous les remèdes que vous connaissiez et que bébé continue à pleurer, tenez-le près de vous et tentez de rester calme, car c'est seulement ainsi que vous pourrez le calmer.

La meilleure émotion que vous puissiez ressentir, c'est de la compassion devant l'angoisse du bébé. Si l'une de vos amies souffrait d'un deuil qui la rendait inconsolable, vous la soutiendriez probablement avec beaucoup d'attentions, et vous seriez prête à faire n'importe quoi pour l'aider, tout en vous rendant bien compte qu'il vous est impossible de compenser la perte qu'elle vit. Essayez de développer ce même état d'esprit envers votre bébé.

Parfois, il n'y a rien qu'un parent puisse faire pour soulager bébé, mais en le tenant et en lui disant des mots doux, bébé saura qu'il n'est pas seul dans sa souffrance, que vous vous préoccupez de ses maux et que vous ferez votre possible pour l'aider. Rappelez-vous, tout cela n'est pas votre faute, ni celle du bébé. Certains bébés ont tout simplement plus de difficulté à s'habituer au nouveau monde étrange dans lequel ils viennent d'arriver.

Au cours de ces toutes premières semaines, bébé peut même être encore sous l'effet de certains médicaments utilisés au cours de l'accouchement. Si vous avez vécu un accouchement très difficile, vos hormones de stress sont peut-être encore en circulation dans l'organisme du bébé et ses cris sont peut-être un moyen de relâcher la tension que ces hormones provoquent en lui.

28.
Ignorez tous ceux qui vous disent que bébé vous manipule !

L'une des choses les plus nuisibles pour élever un enfant heureux est la notion bizarre selon laquelle les bébés tenteraient de nous dominer. Je me demande quel parent paranoïaque a d'abord cru cette absurdité, mais elle est malheureusement devenue populaire au point que bien des parents se méfient de leurs petits bébés depuis le début !

Regardez votre bébé en face. Trouvez-vous vraiment qu'il a l'air de comploter des stratégies pour vous manipuler afin que vous obéissiez à ses ordres ? Cette allure innocente de ferveur et d'abandon cache-t-elle une ruse habile ? Bien sûr que non ! C'est un bébé ! Prenez sur vous et rendez-vous compte que cette minuscule créature dépend totalement de vous pour chaque aspect de sa survie. S'il semble un peu exigeant, donnez-lui une chance. Il est programmé pour avoir besoin de vous, non pour qu'il ait un plaisir pervers à gâcher votre vie. C'est simplement que les bébés humains ne peuvent survivre sans recevoir beaucoup de soutien de la part des adultes attentifs qui les entourent. En décidant de le mettre au monde, vous vous engagiez à en prendre soin.

Peut-être pensez-vous à certains enfants de votre connaissance qui correspondent vraiment bien à la description d'un manipulateur. Les bébés sont extrêmement sensibles aux sentiments et aux attentes de leurs parents, et cette mentalité qui consiste à attribuer aux bébés les vices de la manipulation a pour triste conséquence de pousser bien des enfants à devenir exactement ce que leurs parents craignaient qu'ils soient. Si les parents agissent sans cesse sur la défensive avec les enfants et les traitent comme s'ils étaient des ennemis, il est presque certain que les enfants vont correspondre aux attentes de leurs parents.

Si, en revanche, les parents reconnaissent avec amour qu'il est naturel que les petits bébés aient de la volonté et souvent même des caprices, sans compter qu'ils expriment leurs désirs avec force et acharnement, ces parents peuvent apprivoiser leurs petits en utilisant des stratégies qui n'aggraveront pas les habitudes qu'ils veulent refréner.

D'abord et avant tout, quand vous tentez de discipliner votre enfant, ne vous offensez de rien. Quand ils sont fâchés ou troublés, bien des petits mordent ou frappent leurs parents. Cela ne veut pas dire qu'ils sont fous, méchants ou mesquins ; cela veut seulement dire que ce sont des bambins. Trouvez moyen de dire fermement « non » et réorientez leur comportement, mais ne vous sentez pas trahie ou fâchée parce que l'enfant exprime ses émotions de la seule façon qui lui soit naturelle et qui convienne à son âge.

29.

Croyez au lien psychique que vous pouvez établir avec votre bébé

Beaucoup de parents bien intentionnés doutent de leurs propres capacités quand vient le temps de comprendre leurs bébés à l'âge où ils ne parlent pas encore. Ils se demandent comment il est possible de mettre au point un système de communication fiable. Pour trouver une solution à ce problème, il faut simplement passer du temps avec votre bébé !

Songez à la relation affectueuse que vous avez avec votre conjoint, ou avec votre meilleure amie, ou avec un frère ou une sœur. Souvent, dans les relations intimes que nous entretenons avec d'autres adultes, le plus petit changement dans l'expression du visage nous permet de savoir exactement ce que pense l'ami ou l'amant. De tels liens se créent en partageant des expériences. Plus vous passez de temps en contact direct avec une personne, plus vous êtes touchée par l'autre, et plus vous comprenez intuitivement les sentiments de cette personne. Les choses fonctionnent de la même façon avec bébé. Sans oublier le temps de sommeil, qui compte également ! Le fait d'être proche de votre bébé durant la nuit renforce votre lien durant le jour.

Pour qu'un lien se développe, la communication doit se développer également, alors soyez réceptive aux appels du bébé. Plus vous tentez de comprendre ce que vous dit bébé, plus ses efforts de communication seront récompensés, et plus il mettra d'efforts dans ses tentatives de communication.

Les femmes inuites et kunges sont tellement en symbiose avec leur précieuse cargaison qu'elles savent quand leur bébé s'apprête à uriner ou à faire des selles ! Ces femmes incroyables sentent les petits gargouillis dans le ventre du bébé ou la tension de ses membres, juste à temps pour éloigner bébé de leur corps — et assez longtemps pour que bébé assouvisse ses besoins naturels. Ensuite elles remettent bébé en place auprès d'elles, peau-contre-peau, corps-à-corps, et continuent leur travail!

J'ai entendu au moins une anecdote faisant état d'une pareille communication psychique, mais dans l'autre direction. Une de mes amies, adepte de l'éducation par attachement, ne jure que par un remède non orthodoxe pour soigner la constipation de son bébé Chloé. Elle installe Chloé dans la bandoulière contre son corps pendant qu'elle, la mère, défèque joyeusement de la manière habituelle. Tout de suite après, Chloé est capable d'en faire autant, comme si le système digestif de sa mère avait transféré de mystérieuses instructions à celui moins expérimenté de Chloé. Étrange!

30.
Ne cloîtrez pas bébé

Si votre bébé respire la santé après les premières semaines, il n'y a aucune raison de le garder confiné chez vous. Les bébés adorent aller dehors. Vous pouvez souvent apaiser un bébé en larmes simplement en franchissant la porte d'entrée. En outre, si les sièges d'auto ne sont pas toujours un succès, le fait d'être dans un nouvel environnement intéressant l'est souvent.

Bien des mamans pensent qu'elles agissent pour le bien de leur enfant en les gardant dans l'environnement rassurant et clos de leurs maisons. Or, les mamans peuvent devenir dingues en faisant cela, surtout si elles étaient actives avant l'arrivée du bébé. Ce qu'il y a de mieux pour bébé, c'est d'avoir une maman heureuse et enthousiaste, alors arrangez-vous pour avoir du plaisir!

Les jeunes bébés n'ont encore développé aucun intérêt, alors sentez-vous libre de céder aux vôtres. Installez bébé dans une bandoulière et allez au musée, si c'est ce que vous aimez faire, ou à un concert en plein air, ou encore à votre magasin ou à votre restaurant préféré. Si vous avez travaillé presque tout au long de votre vie adulte et même pendant votre grossesse, profitez au maximum de ce temps où vous êtes chez vous avec bébé !

Vous voudrez donner la priorité aux besoins de bébé, mais il y a bien des chances que le seul fait d'être contre votre corps pendant que vous participez à une activité qui vous plaît coïncide justement avec ce que bébé exige. En d'autres termes, les mamans qui rient et sourient beaucoup ont habituellement des bébés qui en font autant. Au cours de la petite enfance de votre bébé, ne vous sentez même pas égoïste de faire des choses qui VOUS rendent heureuse. À partir du moment où vous incluez bébé dans vos activités, votre bonheur et celui de votre bébé sont pratiquement une seule et même chose. Comment bébé apprendra-t-il l'art délicat du bonheur si vous ne lui offrez pas un modèle convaincant et cohérent ?

Quand bébé annonce qu'il a faim, remontez la bandoulière pour avoir de l'intimité et allaitez-le pendant que vous marchez. (Ou arrêtez-vous pour lui donner le biberon.) S'il faut le changer de couche, déposez la bandoulière sur n'importe quelle surface moelleuse pour un changement de couche instantané. S'il est fatigué, un bébé suspendu à votre corps et pelotonné contre vous s'endormira en toute quiétude.

Je connais même une maman, adepte elle aussi de l'éducation par attachement, dont le bébé était tellement détendu qu'elle pouvait suivre

des ateliers de croissance personnelle avec le bébé bien installé dans la bandoulière la plupart du temps. (Parfois elle faisait les cent pas derrière la classe quand son bébé lui faisait savoir qu'il avait envie de bouger.)

Emmenez le papa aussi ! À moins que ce soit le moment d'allaiter, laissez votre mari porter bébé dans la bandoulière. Les papas dégagent autre chose, ils ont une démarche différente et ils sont souvent juchés plus haut, ce qui permet au bébé de mieux voir ce qui l'entoure. Tucker aime mieux faire front quand c'est son papa qui le porte dans la bandoulière, alors qu'avec moi, il enfourche plus volontiers mes hanches. Il est bon que bébé s'habitue à apprécier le style de rapport différent qui se crée avec chacune des personnes qui en prend soin.

Mon mari et moi n'avons jamais manqué une fête, une noce ou une sortie avec des amis depuis un an et demi que Tucker est né, et nous n'avons fait aucune de ces sorties sans le prendre avec nous. Par conséquent, il est habitué à notre entourage et il coopère presque toujours avec le sourire. Il est particulièrement incroyable quand nous allons au cinéma. Si nous choisissons l'heure de la séance pour qu'il y ait des chances qu'il s'endorme, il le fait immanquablement pendant les bandes-annonces tandis que je déambule à l'arrière du cinéma et que je l'allaite dans sa bandoulière. Une fois qu'il est endormi, je m'assois et j'écoute le film confortablement installée dans mon siège, avec lui qui dort paisiblement contre ma poitrine. (J'évite toujours les films bruyants et violents parce que je ne veux pas qu'inconsciemment il absorbe des saletés.)

Dans n'importe quelle sortie avec bébé, préparez-vous mentalement à partir ou à sortir s'il faut que bébé interrompe quoi que ce soit que vous faites. Essayez de garder l'attitude suivante : « Je vais faire cela tant que cela lui plaira et j'arrêterai quand cela ne fera plus son affaire. » Ensuite si vous devez interrompre vos activités ou partir, soyez contente du temps dont vous avez profité avant que ses besoins ne vous incitent à vous en aller. Il vaut mieux devoir interrompre une activité que de rester assise à la maison et de ne pas même tenter d'y arriver.

31. Ne vous transformez pas en maman-zombie

Le manque de sommeil est probablement l'une des plus grandes causes de dépression post-partum. À cause de cela, il arrive qu'une nouvelle maman se sente totalement dépassée par l'expérience qu'elle vit et se prive de plusieurs des joies de la maternité. La condition de maman-zombie résulte du fait que vous n'êtes pas en synchronisme avec bébé et que vous vous réveillez donc beaucoup trop souvent au cours de la nuit.

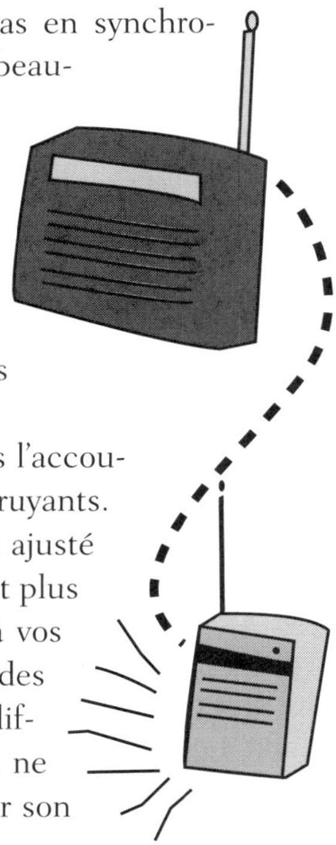

Bébé n'est pas le seul à souffrir de dormir seul. En tant que nouvelle maman, vous aussi êtes programmée sur le plan biologique pour dormir près de bébé, autant qu'il l'est pour dormir à vos côtés. Peut-être pensez-vous que vous dormirez mieux si vous n'êtes pas avec bébé, mais c'est probablement l'inverse qui est vrai.

Votre ouïe est particulièrement aiguisée après l'accouchement et les bébés peuvent être des dormeurs bruyants. Or, si vous avez un système de haut-parleurs bien ajusté pour entendre les bruits de bébé, ceux-ci sonneront plus fort dans le haut-parleur que si bébé était juste à vos côtés. Ils seront également plus grinçants à cause des interférences électriques. De plus, ils seront plus difficiles à interpréter correctement parce que vous ne pourrez ni sentir ni voir bébé pour arriver à évaluer son état.

Vos instincts naturels de protection sont plus aiguisés quand vous êtes séparée physiquement de votre bébé, alors en entendant des bruits, vous aurez tendance à croire qu'il ne va pas bien, beaucoup plus que s'il était juste à vos côtés. Au moindre petit gémissement que vous entendez, vous bondissez hors de votre lit tout chaud et vous traversez en courant le corridor pour aller à la chambre de bébé. Peut-être dort-il très bien, mais vous mettez une demi-heure à vous rendormir. S'il avait été à vos côtés, sans doute ne vous seriez-vous même pas réveillée.

Peut-être aussi bébé s'est-il réveillé et a besoin d'aide pour retrouver le sommeil. Le temps que vous vous rendiez à son chevet, bébé risque d'être totalement réveillé, pleurant pour de bon. Il faudra beaucoup plus de temps pour lui faire retrouver le sommeil que s'il avait été à côté de vous et que vous n'aviez eu qu'à le coller ou à l'allaiter dès les premiers signes de son réveil.

Mère Nature semble s'être occupée pour nous de l'ensemble de la question du sommeil, si nous nous donnions seulement la peine d'instaurer les conditions nécessaires pour lui laisser nous offrir la solution parfaite qu'elle a mise au point. Quand la mère et l'enfant dorment ensemble, et surtout quand bébé est nourri au sein, leurs cycles de sommeil s'alignent sur une même horloge interne ! Aussi incroyable que cela puisse paraître, les recherches ont prouvé que les mères et leurs poupons dormant ensemble dans un lit, la nuit, ont un contact si intime qu'ils passent simultanément par les mêmes périodes alternées de sommeil léger et profond.

Pour parler de façon pratique, cela veut dire que bébé ne réveille même pas maman du sommeil profond dont elle a tant besoin. Quand bébé traverse une période de sommeil léger (l'étape au cours de laquelle les bébés s'éveillent), maman aussi en traverse une, de sorte qu'elle s'éveillera souvent environ 30 secondes avant que bébé ne le fasse, anticipant les besoins qu'il a de sa mère. Quand bébé commence à remuer, maman n'a qu'à l'approcher d'elle et à le nourrir pour le rendormir avant même qu'il ne se réveille totalement. Maman, qui s'est à peine déplacée, peut aisément retrouver le sommeil elle aussi.

J'ai trouvé ce phénomène difficile à croire la première fois que j'en ai entendu parler, mais cela fonctionne pour moi depuis plus d'un an maintenant, et plusieurs de mes amies s'en rendent également compte. Cependant, ne vous attendez pas à ce que cela prenne effet dès la première nuit. Sans doute aurez-vous à dormir avec bébé pendant quelques semaines avant que tous deux ne soyez complètement en synchronisation. Si vous n'avez pas dormi avec bébé dès la naissance, vous ne vous habituerez peut-être pas facilement à l'avoir dans votre lit les premières fois. Il faut du temps pour s'habituer à partager son lit avec une autre personne, mais les gratifications compensent largement toute perte de sommeil au cours de la brève et nécessaire période de transition.

Si vous êtes assez malchanceuse pour être entourée du genre de personne qui dit des choses comme : « Tu n'as pas peur de te retourner sur lui et de l'étouffer ? », remerciez-la pour le souci qu'elle se fait, mais laissez-lui savoir qu'elle est mal informée. Bien que d'aussi monstrueux accidents surviennent, ils sont extrêmement rares — comme les cas de bébés qui meurent seuls dans leurs lits — et ils sont presque toujours reliés au fait que le parent était sous l'influence de la drogue ou de l'alcool.

Vous êtes dotée d'une conscience appelée la sensibilité proprioceptive qui vous empêche de vous rouler sur votre bébé. C'est cette même sensibilité qui vous évite de tomber en bas de votre lit ou d'écraser votre conjoint ou un animal pendant que vous dormez. Placez bébé loin des oreillers moelleux, ne laissez pas bébé dormir sur un lit d'eau et assurez-vous que chaque personne partageant le lit est totalement sobre. Ensuite, chassez cette peur d'écraser votre bébé et profitez de tout le sommeil dont vous avez besoin pour apprécier votre heureux bébé.

32.
Pensez en maman kangourou !

N'ayant que 25 % de la taille de leur cerveau adulte, les bébés humains naissent plus immatures que tout autre animal. À la différence des bébés chiens, chats, chevaux et éléphants, qui peuvent tous marcher peu de temps après être nés, les bébés humains sont tout simplement incapables d'un fonctionnement autonome. Même chez les singes, nos plus proches parents mammifères, le cerveau est déjà développé à 45 % au moment de la naissance, un niveau que la plupart des bébés humains n'atteignent pas avant la fin de leur première année environ, au moment où ils rampent.

Le problème est que le cerveau humain se développe si vite que la tête des bébés ne passerait jamais dans le canal vaginal si les bébés ne sortaient pas aux alentours de neuf mois. C'est pourquoi nos bébés naissent si totalement dépendants de nous. En nous inspirant de la nature pour savoir quelle serait la meilleure manière de réagir à cette délivrance précoce (d'une certaine façon, les bébés humains sont tous extrêmement prématurés !), nous devrions prendre conseil des marsupiaux, car ce sont les seuls mammifères qui naissent plus dépendants de leurs mères que les humains. La solution de la maman kangourou, bien sûr, consiste à garder son bébé tout contre son corps, dans sa poche, tant qu'il n'est pas prêt à s'aventurer tout seul à l'extérieur. Tout comme le corps des kangourous possède ce qu'il faut pour

tenir bébé, les hanches et les bras des humains sont faits pour transporter facilement le bébé. Une bandoulière rend cela encore plus facile.

Presque toutes les mamans mammifères passent plus de temps en contact intime avec leurs bébés que ne le font les humains en général, en dépit du fait que ces animaux ont une plus grande maturité à leur naissance. Les bébés singes ne sont presque jamais séparés de leurs mères au cours de leur première année.

Quand ils sont forcés de l'être, leur petit système craque. Les hormones de stress se déversent dans leur corps, leur rythme cardiaque s'accroît et leur système immunitaire se détraque. Le fait de les redonner à leur mère ramène leur corps à peu près à la normale, mais leur sommeil et leur système immunitaire peuvent longtemps rester perturbés. Les primates sont nos cousins les plus proches dans la nature, et bien des experts croient que le fait de séparer un bébé humain de sa mère le traumatise presque autant que le bébé singe.

Une fois de plus, cette réalité biologique confirme la théorie selon laquelle les humains ont besoin d'une période d'au moins 18 mois de gestation dont 9 mois dans le ventre et 9 mois hors du ventre. Au cours de cette seconde période de neuf mois, les bébés devraient avoir des contacts presque constants avec leurs mères ; leurs besoins devraient être assouvis immédiatement, comme c'était le cas à l'intérieur du ventre.

Cela peut sembler difficile d'élever un bébé de cette manière, mais une fois que vous aurez commencé à pratiquer ce style d'éducation par attachement, vous serez étonnée de voir à quel point cela est facile et combien cela vous simplifie la vie. Cette approche élimine pratiquement toute frustration chez les bébés, ce qui veut dire énormément moins de frustrations également chez les parents !

33. Intégrez bébé dans votre vie

Le plus célèbre gourou de la puériculture des quelques générations passées vous prévenait que si vous teniez votre bébé trop souvent, il oublierait d'apprendre à s'amuser tout seul, s'ennuierait, se sentirait délaissé et pitoyable quand il se retrouverait tout seul, et pleurerait pour obtenir de l'attention. Pendant plusieurs années, les mamans firent confiance à cet expert plus qu'à elles-mêmes, de sorte qu'elles souffrirent en laissant leurs bébés désespérément seuls. Aujourd'hui, heureusement, on admet qu'il est *normal* que les bébés s'ennuient, se sentent délaissés et pitoyables quand on les laisse seuls, et il est certain qu'ils vont pleurer pour avoir de l'attention, peu importe à quel point on les a pris dans nos bras. Un bébé qui arrête de pleurer pour avoir de l'attention quand il est seul a probablement abandonné tout espoir.

Les bébés ne sont pas censés « s'amuser tout seuls ». Ils ne sont même pas censés être tout seuls. Et quand ils sont près de ceux qui s'en occupent, ils n'ont pas du tout besoin d'amusements. Quand ils se sentent bien, parce qu'ils sont proches des adultes qu'ils aiment, ils sont parfaitement contents de regarder autour et d'apprendre dans quel monde ils vivent. Les bébés n'ont pas besoin de tas de jeux ni même qu'on se préoccupe de les désennuyer. Un bébé obtient toutes les stimulations qu'il lui faut simplement en étant dans les bras d'un adulte actif qui vaque à ses occupations quotidiennes. Si la personne parle à bébé de ce qu'elle est en train de faire, c'est encore mieux!

Les bébés aiment l'action. Ils aiment être intégrés à vos occupations, quand vous faites à manger, quand vous faites du ménage, du magasinage, quand vous marchez ou que vous pliez du linge. Les bébés accumulent naturellement des tensions dans leurs corps, tensions qui se relâchent par le mouvement. Étant donné qu'ils ne peuvent encore s'activer beaucoup par eux-mêmes, il faut que vous le fassiez pour eux. Les bébés obligés de rester immobiles pendant de longues périodes dans un lit à barreaux, une poussette ou un landau deviennent frustrés parce qu'ils n'arrivent pas à évacuer la tension qui s'accumule inévitablement en eux. Tout ce qu'ils veulent, c'est de se sentir inclus dans les activités de ceux qui en sont responsables.

34. Faites de l'exercice avec bébé

Après vous être dandinée au ralenti pendant les derniers mois de votre grossesse, vous vous sentez probablement extraordinairement légère sur vos pieds, même si votre corps n'est pas tout à fait ce qu'il était il y a 10 mois. Fêtez cela en faisant de l'exercice ! Mais ne faites pas l'erreur de déposer bébé chez grand-maman pour pouvoir vous entraîner toute seule au gymnase. La plupart des bébés adorent s'adonner aux habitudes d'une maman active. Si le temps le permet, installez confortablement bébé dans la bandoulière et allez faire de grandes promenades dans le voisinage. La distribution égale du poids du bébé, grâce à la bandoulière, améliorera la qualité de votre exercice.

Parlez-lui de tout ce que vous voyez au fur et à mesure. J'ai remarqué que les bébés sont plus disposés à apprendre quand ils sont dehors. Si vous marchez souvent et assez avec un bébé qui ne parle pas encore, vous serez étonnée de constater par la suite à quel point il apprend rapidement les mots qui désignent toutes ces choses familières. À 14 mois,

Tucker connaissait les mots *arbre, herbe, chien, trottoir, oiseau, arrêt, boîte aux lettres, sonnerie, auto* et *vroum!*, tout cela grâce à ses fréquentes promenades dans la bandoulière.

Par mauvais temps, essayez cette amusante solution de rechange avec un bébé qui ne marche pas encore : installez-le dans un endroit où il peut vous voir. Faites jouer une musique rapide, qui a du rythme, et dansez de façon extravagante devant lui. Il vous trouvera fascinante et vous ferez une excellente séance d'exercices. S'il fait sombre, vous pouvez même arranger les lumières dans la pièce pour faire, en dansant, des ombres chinoises sur le mur derrière vous. Quand bébé sera un peu plus vieux, il adorera danser avec vous.

Quand bébé est assez grand pour se tenir facilement la tête, vous pouvez faire les exercices suivants tout en le tenant. (Tucker adore notre programme d'exercices et, de toute évidence, il a toujours cru que l'ensemble de cette routine n'était là que pour son bon plaisir.)

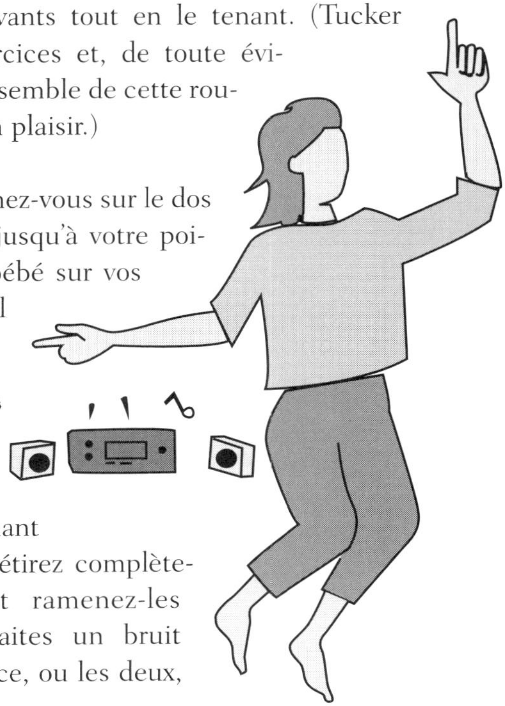

- **Œufs de bébé.** Couchez-vous sur le dos et relevez vos genoux jusqu'à votre poitrine. Ensuite placez bébé sur vos tibias, de sorte qu'il repose sur le ventre, que son visage soit au-dessus de vos genoux et que vous soyez tous deux face à face. Tout en maintenant bébé avec vos mains, étirez complètement vos jambes et ramenez-les ensuite vers vous. Faites un bruit amusant ou une grimace, ou les deux, chaque fois que vous ramenez bébé vers vous et vos efforts seront récompensés par les délicieux gloussements du bébé : le meilleur encouragement à persévérer qui soit !

- **La marche de bébé.** Voilà qui est excellent pour les muscles des cuisses et des fesses. Tenez bébé contre vous, face à face. Marchez ensuite autour de la maison, en faisant des pas de géant et en vous courbant très bas, à chaque pas, pour sentir les grands muscles de vos jambes et de vos fesses en action. Pour rendre cela encore plus difficile, essayez de faire l'exercice en chantant à voix basse une chanson amusante et lente. Bébé fait ainsi une intéressante tournée de la maison, alternativement à l'horizontale et à la verticale, et vous vous offrez une véritable séance de modelage du corps !
- **Redressements assis.** Croyez-le ou non, cet exercice est plus amusant avec bébé sur votre estomac, bien installé le dos contre vos cuisses. Assurez-vous seulement qu'il est assez vieux pour ne pas tomber sur les côtés. Quand vous descendez votre tête, les doigts derrière la tête, cachez votre visage avec vos coudes et dites : « Où est maman ? » Ensuite, pendant que vous redressez la tête, ouvrez vos coudes et dites : « Coucou ! » ou « Tiens, maman est revenue ! » ou n'importe quoi qui fait sourire bébé.
- **Tractions.** Étendez simplement bébé sur le plancher, sur le dos, et faites vos tractions au-dessus de lui, amenant chaque fois votre visage tout près du sien.
- **Levée des jambes.** Couchez-vous sur le côté avec bébé à vos côtés, et chantez ou récitez une comptine en synchronisation avec vos mouvements.

35. Laissez votre bébé développer naturellement son indépendance

Il est absolument inutile d'entraîner les enfants à devenir indépendants. Si on les laisse grandir et s'épanouir à leur façon, à leur propre rythme, les enfants deviennent naturellement indépendants. Quand nous les forçons à l'indépendance avant qu'ils n'y soient prêts, tout ce que nous faisons, c'est de miner cruellement leur confiance en eux et dans le monde, ce qui a pour effet, ironiquement, d'augmenter leurs besoins et de les rendre encore plus dépendants. Pourtant, dans notre pays, bien des experts recommandent un « entraînement » précoce à l'indépendance qui fait beaucoup de torts aux bébés.

L'entraînement n'est pas fait pour les petits des humains. Nous entraînons les chiens parce que pour vivre avec eux, nous devons en faire des animaux très différents de ce que leur véritable nature leur commande d'être. Nous entraînons les animaux de compagnie non pas en fonction de ce qu'il y a de mieux pour eux, mais en fonction de ce qui nous convient et nous plaît le plus à nous, les propriétaires. Les petits des humains sont faits pour être dépendants et essayer de les entraîner à être autrement revient à nier un aspect réel de leur condition.

Les enfants savent combien il leur faut des soins à tout moment. Ils n'en demanderont pas plus qu'il est nécessaire pour leur croissance maximale. Trop en donner n'existe que chez un parent qui se rue pour réconforter l'enfant alors que celui-ci n'a manifesté aucun besoin de réconfort. Si un parent écoute attentivement l'enfant pour savoir s'il lui faut quelque chose, l'enfant obtiendra toujours la bonne « dose ».

Ce sont les bébés qui crient pour avoir de l'attention et qui n'en obtiennent pas qui développent un sentiment de privation et qui ne sont jamais satisfaits. Les bébés qui reçoivent toujours l'amour qu'ils demandent ne souffriront pas d'anxiété pour avoir été abandonnés ou avoir rompu le lien vital les unissant à ceux qu'ils aimaient. Ils développeront au contraire ce sentiment profond de sécurité et de bien-être qui permet la véritable indépendance et le bonheur. Un enfant dont les besoins sont assouvis et qui est fortement attaché à ses parents établit un fondement de confiance qui lui permettra de devenir indépendant.

Le fait de comprendre les besoins d'un enfant et d'y subvenir a pour effet non seulement qu'il se sent aimé, mais cela lui enseigne également comment aimer. La spécialiste du développement infantile Selma Fraiberg explique que le sentiment d'amour et d'intimité entre une mère et son enfant constitue la première histoire d'amour de l'enfant. Si ce premier amour n'est pas perturbé par les frustrations, la colère, les déceptions et la peur d'être abandonné, un enfant a une bien meilleure chance de connaître un amour solide et sain quand il sera adulte.

Aujourd'hui, la plupart des adultes ont été élevés au cours de ces années où l'entraînement précoce à l'indépendance était fortement suggéré par les experts populaires de l'époque. Et voyez le fouillis ! Jamais auparavant tant d'adultes n'avaient joint aussi régulièrement des groupes de soutien et payé de thérapeutes pour les aider à surmonter leurs dépendances.

Les livres de psychologie se vendent également en grandes quantités. On dirait bien que l'entraînement à l'indépendance n'a pas trop fonctionné !

36. Laissez bébé toucher

Non seulement votre bébé *veut* toucher tout ce qu'il voit, mais il *doit* le faire ! Le toucher est l'un des principaux moyens dont bébé dispose pour apprendre. Voici un truc qui pourrait vous épargner bien des frustrations : avant que votre bébé n'atteigne l'âge où il rampe, assurez-vous de le laisser toucher à tout ce qui attire son attention. Parfois, il voudra toucher des objets qui pourraient devenir dangereux plus tard s'il devait tomber dessus sans supervision, mais il vaut mieux ne pas cacher totalement ces objets. Cela ne ferait qu'augmenter leur attrait mystérieux et faire que les objets les plus dangereux dans votre maison deviennent les plus séduisants pour bébé.

Avec bébé dans les bras, amenez-le faire un tour des appareils électriques (préalablement protégés) que vous avez à la maison, vous arrêtant devant chacun d'eux assez longtemps pour qu'il y touche et l'examine à fond. Laissez-le appuyer sur les boutons de la cuisinière, du lave-vaisselle et du téléphone. Tenez une paire de ciseaux par son extrémité dangereuse pendant qu'il examine l'autre extrémité et qu'il en explore les poignées avec sa bouche.

Si vous faites cela assez souvent avant qu'il apprenne à ramper, votre bébé n'ira pas droit au désastre dans chacune des zones dangereuses dès qu'il sera assez mobile pour y arriver. Il est notoire que les bébés font cela simplement parce que les objets qui ont été tenus loin d'eux sont exactement ceux qui ont fini par exciter le plus leur curiosité. Si votre bébé, une fois grand, est déjà blasé des objets tabous, il sera plus facile pour vous de diriger son attention sur les objets avec lesquels il peut s'amuser quand il pourra se promener tout seul.

Quand il sera assez vieux pour comprendre les règles, vous pourrez le diriger verbalement quand il touchera aux objets et l'aider à reconnaître ce qui est interdit. Le docteur William Sears recommande de désigner les choses sans danger par un « oui, tu peux toucher », les choses dangereuses par un « non, tu ne touches pas », et les gens et les animaux par un « vas-y doucement ». Pour désigner les objets auxquels il ne doit pas s'agripper, il suggère « avec un doigt seulement ».

37. Aidez bébé à prendre conscience de son corps

L'enfant prend conscience de son corps en fonction du rapport qu'il établit avec votre corps. Pour comprendre où il commence et où il finit, il vous touche et réalise que ses doigts dans sa bouche sont différents de ses doigts dans *votre* bouche. Plus les contacts que vous avez avec votre bébé sont assidus, plus vite il fera cette distinction.

Le sentiment physique du Moi donne naissance au sentiment psychologique du Moi ; par conséquent, bébé doit commencer par avoir pleinement conscience de son corps avant de s'apprécier comme personne. Plus son corps vous touche et plus il le fait longtemps, plus l'association est forte. Dans *The Vital Touch,* Sharon Heller pense que les bébés américains, qui passent en général moins de 25 % de la journée dans les bras d'un adulte, sont particulièrement menacés de nombreux problèmes psychologiques.

Le fait que les bébés nord-américains se fassent si peu toucher, et compte tenu que les bébés sont constitués pour toucher continuellement, contribue au fait que les adultes nord-américains respectent si peu leur corps. La façon négative dont le corps est perçu et des problèmes comme l'anorexie ou la boulimie sont de véritables épidémies dans notre société. Le docteur Heller écrit, sur la relation que nous entretenons avec nos corps : « On les gave, on les affame, on les imbibe, on les greffe et on les cache, on les néglige, on en abuse et on les transforme. La seule chose que bien des gens semblent incapables de faire, c'est de les aimer. »

Aussi simpliste que cela puisse paraître, les psychologues reconnaissent que plus nous avons senti l'amour de nos parents, plus nous nous aimons nous-mêmes. De la même façon, plus nos petits corps d'enfants ont reçu d'amour physique, plus nous sommes capables, le temps venu, d'aimer nos grands corps d'adultes.

38.

Conjuguez votre amour de couple et votre amour du bébé

Il faut des mariages heureux pour faire des bébés heureux. Les bébés saisissent chaque nuance dans les émotions de leurs parents, et on oublie souvent que les conflits des parents provoquent un surcroît de tensions chez les bébés. Vous et votre mari devez reconnaître qu'ensemble vous avez fait une chose énorme en mettant au monde cette petite personne et aussi que n'importe quelle période de grande transition provoque de la turbulence dans les émotions. Restez en communication et gardez le plus possible le sens de l'humour devant les privations tout à fait normales qui vont de pair avec votre nouveau rôle de parents.

Bien des gens craignent que s'ils partagent leur lit avec leur bébé, cela nuira à leur union, surtout à leur vie sexuelle. Quand un couple croit cela, leur idée peut facilement devenir une prophétie se réalisant d'elle-même. Pourtant, rien n'oblige à ce qu'il en soit ainsi. Un grand nombre de couples heureux qui dorment avec leur bébé disent qu'ils ne se sont jamais sentis aussi proches ni même en amour que quand ils étaient étendus ensemble dans le lit, contemplant leur minuscule et parfaite création.

Un amour partagé pour un bébé éveille souvent une facette nouvelle et excitante de l'amour conjugal. Dormir avec votre bébé créera des liens avec lui de la même manière que de dormir à côté de votre conjoint vous a aidé à créer des liens entre vous deux. Et cela fonctionne pour les pères également ! Souvent les pères ne savent pas trop comment devenir importants pour leur bébé. Le fait de partager son sommeil est une solution extraordinaire.

Évidemment, la grande question qui hante certains, c'est : « Et le sexe ? » Bien des gens pourraient répondre que le sexe est tout aussi bon, et même encore meilleur, quand il y a un bébé dans le lit. Les bébés ne sont pas du tout traumatisés de voir un acte d'amour entre leurs parents. Et même si vous n'êtes pas à l'aise avec le bébé dans la même chambre, vous pouvez l'essayer ailleurs, dans chacune des autres pièces de la maison — ce qui sera peut-être beaucoup plus amusant que votre routine précédente !

Le fait est que de nouveaux parents ne font en général pas aussi souvent l'amour qu'ils le faisaient avant d'avoir des enfants, et cela n'a absolument rien à voir avec le lieu où l'enfant dort dans la maison. Certains chercheurs soutiennent que la diminution du taux d'œstrogènes chez la femme après l'accouchement diminue son désir, mais cela n'explique pas pourquoi il y a aussi tant de nouveaux papas qui perdent temporairement de l'intérêt pour la sexualité. Peut-être est-ce la fatigue ; peut-être est-ce l'engouement débordant pour le nouveau membre de la famille. Il n'est pas vraiment important de connaître cette cause.

Ce que je veux surtout dire, c'est qu'il n'y a absolument rien d'anormal dans votre couple si vous vous entendez tous deux pour mettre de côté vos ébats pendant un certain temps. Il est dommage que notre société fasse tant de plat autour de la sexualité que les couples en viennent souvent à douter de leur union simplement parce qu'ils sont surpris de constater à quel point ils font peu l'amour quand un bébé est entré dans leur vie.

Les mœurs de la société tendent à faire des allers-retours comme le balancier d'un pendule. Il y a quelques générations, les gens se sentaient mal s'ils aimaient *trop* le sexe. Aujourd'hui, nous pensons qu'il y a quelque chose qui cloche si nous en voulons trop *peu*. La fréquence de vos ébats amoureux est idéale si elle vous convient, à vous et à votre mari, même si cela peut sembler horrible à vos amis célibataires ou sans enfants.

Il n'y a rien de mal non plus à ce que vous ressentiez beaucoup d'intérêt pour le sexe après que votre bébé soit né. Bien sûr, si votre niveau d'intérêt et celui de votre conjoint se situent à l'opposé l'un de l'autre, il y aura sans doute un problème ! Essayez simplement de mettre tout cela en perspective. Si le conflit est vraiment attribuable au bébé, soyez patients l'un envers l'autre et rendez-vous compte que l'enfance de votre petit représente une période très limitée au sein d'un long et amoureux mariage. Tous deux, vous vivrez bien plus d'années sans enfant que vous en vivrez avec un enfant. Par ailleurs, les impulsions sexuelles vont et viennent même dans des unions solides, pour des tas de raisons qui n'ont rien à voir avec les bébés. Cette fluctuation naturelle du désir ne devrait pas vous inquiéter outre mesure : c'est cette inquiétude elle-même qui tend à provoquer les problèmes.

39.
Abordez votre colère avec maturité

Il est naturel de se fâcher. Les bébés excellent à faire des choses qui provoquent la colère de leurs parents. Il est normal et prévisible que les actions de votre bébé vous incitent parfois à avoir envie de crier. Mais si vous le faites, vous n'agissez pas en parent responsable. Un adulte en charge d'un bébé terrifie ce dernier s'il perd le contrôle. De plus, votre bébé n'apprendra pas à améliorer son comportement s'il est témoin de mauvais comportements de votre part.

Votre bébé risque fort de faire, à un moment ou l'autre, toutes les choses suivantes : il ne dormira pas quand vous voudrez qu'il le fasse ; il pleurera pour ce qui semble n'être pas une bonne raison, quelquefois pendant un long moment ; il refusera avec véhémence que vous le déposiez par terre, que vous l'installiez dans son siège d'auto ou que vous lui fassiez prendre son bain ; il ne mangera pas quand vous considérerez qu'il le devrait ; il mangera en faisant des saletés partout ; il brisera des objets ; il vous empêchera de faire ce que vous adoriez faire avant d'avoir un enfant.

N'empêche que si vous sentez monter la colère en vous quand survient l'un ou l'autre de ces événements parfaitement naturels, vous risquez d'envoyer un dangereux message à votre bébé. Les bébés sont incroyablement sensibles aux émotions de leurs parents. Même si vous pensez que vous cachez votre colère, votre bébé y est probablement sensible et se l'applique en retour. Dans le pire des cas, il pourrait arriver que vous soyez incapable de garder la maîtrise de vos émotions et que vous fustigiez votre bébé, verbalement ou même physiquement.

Si vous remarquez que vous devenez *occasionnellement* colérique envers votre bébé et que vous faites un effort réel pour agir de façon appropriée, vous ne traumatiserez pas vraiment votre bébé. En revanche, si vous êtes souvent fâchée, demandez de l'aide. Allez en thérapie, suivez des cours de yoga, faites de la méditation, engagez quelqu'un pour vous aider, mais FAITES QUELQUE CHOSE pour couper court à cette tendance. Apprendre à dominer votre colère pourrait bien représenter l'action la plus valable que vous ayez jamais faite dans l'intérêt de votre enfant.

40.
Respectez le rythme de développement de votre bébé

La plupart des bébés suivent un même parcours dans l'acquisition des habiletés physiques et mentales, bien que quelques-uns puissent s'éloigner de la norme. Les parents adorent comparer la vitesse à laquelle leurs petits apprennent de nouveaux trucs, même si le fait d'être précoce ou tardif ne veut absolument rien dire. Passant du jardin d'enfants à l'école, l'enfant qui s'est assis à quatre mois ne s'assoira pas mieux que celui qui a attendu neuf mois avant de s'asseoir tout seul.

La personnalité et les intérêts d'un bébé déterminent quelles habiletés il choisira de développer à un moment donné. Un bébé qui est fasciné par la précision de ses gestes peut construire des tours avec ses cubes avant même d'apprendre à marcher, tandis qu'un autre n'acceptera jamais de perdre son temps devant des cubes alors qu'il y a tant d'espace à parcourir et à explorer. Certains experts croient que c'est l'hérédité qui détermine la vitesse à laquelle les bébés franchissent les étapes de leur développement physiologique. Alors ne vous pressez pas et ne faites pas de comparaisons !

En règle générale, les bébés affinent leurs habiletés de haut en bas et du centre vers l'extérieur. En d'autres termes, ils maîtrisent d'abord la tête et les yeux, ensuite les bras, et enfin les jambes. Ils font des mouvements avec leurs épaules avant d'avoir le contrôle de leurs mains et finalement de leurs doigts.

Les bébés naissent avec une propension à maîtriser des tâches de plus en plus complexes. La meilleure chose que vous puissiez faire pour les aider est de les surveiller et de les encourager. Soyez attentive aux préférences de votre bébé et tentez de lui procurer l'environnement et les accessoires dont il semble avoir besoin pour progresser.

En réalité, il est inutile d'apprendre à votre bébé à s'asseoir, à ramper, à marcher ou à utiliser ses mains plus efficacement, car il fera tout cela quand il sera prêt. (Si bébé est très loin derrière la norme, ou si votre instinct vous fait suspecter un problème, demandez à votre médecin une évaluation en profondeur.)

Quand vous voyez que bébé s'intéresse à une nouvelle chose, ne le distrayez pas et n'essayez pas de l'aider. Il est bon d'encourager et de féliciter les enfants quand cela coïncide avec le plaisir qu'ils manifestent à maîtriser quelque chose, mais cela peut leur nuire si vous interrompez ou contrariez leurs efforts. Même à cet âge précoce, les bébés sont capables de sentir que vous mettez de la pression. Si bébé accomplit une nouvelle prouesse, il en sera probablement excité, et c'est alors le moment idéal pour partager avec lui sa fierté et son bonheur.

41. Méfiez-vous du piège du « bon bébé »

Nous connaissons tous, que ce soit dans le voisinage, à la garderie ou dans notre famille, une maman qui nous rappelle sans cesse à quel point elle a un « bon bébé ». Son bébé fait toutes ses nuits. Il mange, boit, fait ses siestes et fait ses petits cacas à la même heure chaque jour. Il ne pleure jamais. Ce que tente de vous dire cette maman pas-très-subtile, c'est qu'elle a de l'emprise sur son bébé, qu'elle en a fait un enfant commode et exemplaire, et que vous auriez intérêt à suivre tous ses conseils d'éducatrice.

Fuyez ! Éloignez-vous d'elle le plus vite possible ! Les bébés qui ne dérangent personne et qui acceptent tous les régimes qui leur sont imposés sont souvent des bébés ayant abandonné tout espoir qu'on accède à leurs requêtes et qu'on subvienne à leurs besoins. Ils risquent de devenir des enfants renfermés, des adolescents animés par une colère intérieure et des adultes dépressifs. Quand on laisse les bébés pleurer de façon chronique, ils réagissent habituellement de l'une ou l'autre des deux manières suivantes : ou ils deviennent carrément colériques et malheureux, ou ils apprennent très tôt à étouffer leurs sentiments parce que, de toute façon, personne ne se préoccupe de ce qu'ils ressentent.

42.

Si vous ne pouvez y être, trouvez les meilleures personnes pour s'occuper de votre bébé

S'il vous faut absolument travailler quand votre enfant est encore très petit, vous devez vous donner comme grande priorité de choisir le mieux possible les conditions dans lesquelles votre bébé sera gardé. Si vous n'avez pas une mère ou une belle-mère qui par hasard reste près de chez vous — et qui a un cœur en or et aucune autre activité durant le jour — alors vous devrez envisager d'autres solutions.

Dépensez autant d'argent que vous le pouvez. (C'est la seule fois que je dirai cela dans le présent livre.) Pendant les toutes premières années, vous pouvez vous débrouiller en ne dépensant presque rien pour les vêtements, l'équipement, les jouets et la nourriture de votre bébé, mais quand vient le temps d'engager quelqu'un qui prendra soin de lui, vous devrez accepter de casser la tirelire. Bien sûr, la meilleure situation peut très bien ne pas être la plus coûteuse ; en fait, les coûts ne doivent même pas entrer en ligne de compte.

Étant donné que vous allez tellement dépenser, refaites une fois de plus vos calculs (dépenses de transport, de vêtements, impôts, etc.) pour voir si c'est vrai qu'il vous faut absolument retourner au travail tout de suite. Aviez-vous pris cette décision avant que bébé ne vienne au monde ? Bien des femmes très dévouées à leur travail prévoient leurs grossesses sans penser un instant qu'elles pourraient s'arrêter quelques années pour être avec leur bébé. Or, avant le jour du retour au travail, vous ne pouvez pas savoir ce que vous ressentirez en laissant votre bébé plusieurs heures à la fois. Un tas de mamans qui le font vous diront que c'est très, très désagréable.

Certaines femmes disent qu'elles retournent au travail pour des raisons financières, alors que ces raisons ont plus à voir avec l'estime d'elles-mêmes et une question d'identité. Il est horrible de penser que notre société valorise si peu l'éducation des enfants et que presque n'importe quelle carrière donne à une femme un statut social plus élevé que la situation de celle qui s'occupe de ses enfants à temps plein. Si, au fond de votre cœur, vous voulez être chez vous, alors peu importe la profession pour laquelle vous avez été formée ; aucun travail n'est plus important que d'élever votre bébé.

Si vous avez vraiment des raisons financières pour travailler, vous devez vous demander à quel point ce revenu est nécessaire. Nous pourrions presque tous baisser d'un cran ou deux notre train de vie sans nous nuire ni nuire à nos enfants. Il y aura toujours de l'argent à faire quelque part ; l'enfance de ce petit est fugitive et précieuse.

Mais disons que la véritable raison, c'est que vous adorez votre travail et que vous savez que vous ne serez heureuse que si vous le reprenez, ou que vous retournez travailler à temps plein après avoir passé autant de temps que vous le pouviez à être chez vous, à faire la maman. Ne vous sentez pas coupable ! Chaque cas est unique et des tas d'études ont démontré que les bébés de familles dont les parents travaillent à l'extérieur supportent bien ce genre de situation à la condition de recevoir des soins affectueux et de grande qualité. Le plus important à retenir, particulièrement quand votre bébé grandit, c'est que vous devez toujours rester réceptive aux émotions de votre enfant et communiquer avec lui quand vous *êtes* présente.

Le meilleur scénario pour votre bébé consiste à avoir un ou une gardienne de substitution qui le traitera le plus possible de la même manière que vous. Vous devez bien vous entendre avec cette personne, car elle comptera beaucoup dans la vie de votre enfant. Vous voulez une personne habituée aux bébés, enjouée et chaleureuse, qui partage vos idées sur l'éducation et qui cherche une situation à long terme. Vous ne voulez pas que bébé s'attache à quelqu'un qui va aussitôt disparaître.

Donnez-vous amplement de temps pour faire le tour de toutes les possibilités et restez ouverte à différentes options. Bien que les bébés soient généralement plus à l'aise dans leur propre environnement, quelques mamans trouvent d'excellents soins chez des femmes reconnues pour prendre soin des enfants. Bien sûr les garderies comportent des inconvénients, mais il y a certaines bonnes formules de ce côté aussi. (Moins il y a d'enfants par adulte, mieux c'est.) Posez beaucoup de questions et fiez-vous à votre instinct quand vous parlez à l'éventuelle gardienne. Si vous ne l'aimez pas instantanément et que vous n'êtes pas attirée par elle, il en sera probablement de même pour votre bébé.

43.
Donnez toutes les chances de succès à votre gardienne

Ça y est, vous avez pris votre décision. Cependant, ne songez surtout pas à laisser votre bébé avant au moins une semaine, et même plusieurs semaines, s'il a déjà commencé à manifester la peur des inconnus ou de la séparation. Pendant cette période de transition, passez chaque jour en compagnie de votre enfant et de la gardienne, tout le monde ensemble.

Bien sûr, il vous faudra commencer à payer la gardienne et cela vous semblera peut-être un énorme gaspillage d'argent étant donné que vous êtes là, mais rappelez-vous qu'il s'agit de la plus grosse dépense que vous ferez en vue du bonheur de votre bébé. Essayez de faire vous-même connaissance avec la gardienne (ou avec le personnel de la garderie). Soyez amicale et souriez quand vous lui parlez. Votre bébé remarquera votre attitude, qui sera le premier indice de la confiance qu'il peut avoir. Si la gardienne ne veut pas passer de temps avec vous et le bébé, ce n'est pas la bonne personne.

Si vous avez choisi une personne qui s'occupe déjà d'autres enfants, vous aurez l'occasion de la voir à l'œuvre. Si elle ne s'occupe que de votre enfant, laissez votre bébé déterminer à quel rythme il se rapprochera d'elle. Il traversera probablement une période où il aura envie de passer alternativement de vous à elle et d'elle à vous avant d'être prêt à s'abandonner totalement.

Avant de recommencer à travailler, assurez-vous que votre bébé s'est attaché à la nouvelle gardienne et qu'il est heureux. Vous le saurez s'il va aisément vers elle et s'il reste de bonne humeur avec elle un certain temps après que vous soyez sortie de la pièce. Vous serez contente d'y avoir mis autant de temps quand vous serez de retour au travail à vous demander à tout moment ce que fait votre bébé. Vous arriverez à évoquer une image rassurante, beaucoup plus facilement que si vous étiez partie de votre côté tout de suite après avoir engagé la nouvelle amie de votre bébé.

Si votre enfant est un peu plus vieux quand vous décidez pour la première fois de le laisser en compagnie d'une gardienne, le succès que celle-ci obtiendra auprès de votre bambin dépendra beaucoup de votre manière de dire au revoir. Même si votre enfant fait des scènes au moment des adieux, ne sortez jamais pendant qu'il est occupé à jouer, car il pourrait perdre confiance en vous. Essayez de faire des adieux brefs et affectueux. Quand les parents hésitent à partir ou prolongent leurs adieux, leurs bambins sentent leur anxiété, ce qui rend les départs encore plus difficiles.

Même si vous êtes triste, essayez d'agir gaiement et évitez de dire des choses comme : « Je vais m'ennuyer de toi. » Vos émotions sont particulièrement contagieuses dans ce genre de situation.

Même quand vous pensez qu'il est prêt à être tout seul, s'il a de la difficulté à vous dire au revoir lors de cette première journée, peut-être voudrez-vous faire en sorte de rester dans les alentours tant que les choses ne lui deviendront pas plus faciles. Un article du magazine *Parents* décrivait la situation suivante, ayant lieu dans une garderie : « Une petite fille passa toute sa première journée à sangloter, et la même chose le lendemain et le surlendemain. Il lui fallait vraiment une plus longue période qu'aux autres pour s'adapter, alors sa mère s'installa tranquillement dans la pièce, lisant les journaux pendant les 10 jours qui suivirent. Au bout du compte, quand nous avons évalué ensemble que sa fille était prête à rester seule, sa mère lui a dit au revoir. Cette fois-là, il n'y eut pas de larmes. »

Les bébés préféreraient presque toujours leurs mamans, mais si la gardienne de votre enfant est affectueuse et qu'elle s'en occupe bien, débarrassez-vous de votre culpabilité. Mais attendez-vous qu'elle revienne vous hanter de temps à autre. Il peut y avoir des jours, et même des semaines entières, où votre bébé aura tout simplement besoin de vous. Que ce soit parce qu'il est malade, qu'il traverse une période de croissance difficile à vivre ou simplement une inexplicable angoisse existentielle, vous devrez décider soit de négliger votre enfant soit de négliger votre travail. Écoutez votre cœur et donnez le coup de fil redouté au bureau.

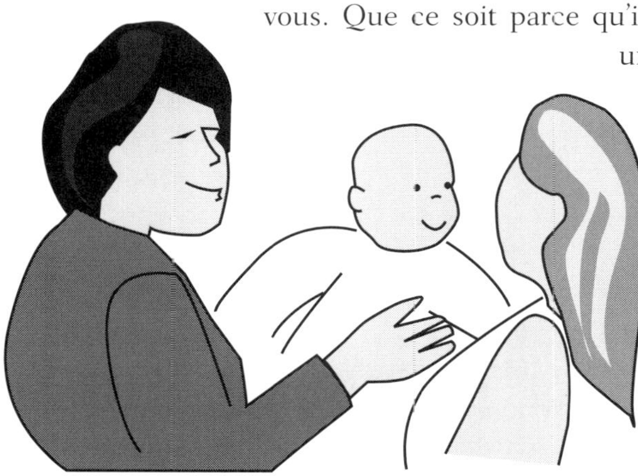

44.

Mamans à temps plein, unissez-vous !

Un gros 62 % des femmes américaines ayant des enfants de moins de 6 ans travaillent à l'extérieur, bien que des statistiques montrent que la plupart des femmes qui prévoient (avant l'accouchement) retourner au travail regrettent leur choix quand vient le temps de laisser l'enfant. Certaines peuvent revenir sur leur décision, mais pour d'autres, cela est impossible. Les mères qui laissent leurs carrières en suspens disent souvent à quel point elles se trouvent chanceuses de pouvoir rester chez elles pour élever leurs enfants.

Il n'est pourtant pas facile d'être une maman à temps plein, surtout quand vous vous occupez, comme c'est le cas de la plupart des mamans à temps plein, de tenir la maison, de préparer les repas et de faire les courses en plus. Si vous vous attendez que bébé joue tout seul de son côté pendant que vous faites tout cela, bébé risque fort de protester et la tension montera, autant pour lui que pour vous. Laissez bébé s'intégrer à vos activités. Les tâches ménagères et les corvées vous prendront sans doute deux fois plus de temps, mais vous en profiterez pour être en relation avec bébé, alors pensez-y comme s'il s'agissait de faire deux choses à la fois !

Une des activités les plus agréables que vous puissiez partager avec votre bébé, c'est de cultiver des amitiés avec d'autres mamans et leurs bébés. Même si vous vous aimez beaucoup, bébé et vous, et même s'il est sain que vous passiez tout ce temps ensemble, vous risquez tout de même de devenir un peu gaga si vous ne jouissez jamais de la compagnie d'un adulte durant le jour, et il est également bon que bébé voie d'autres gens, y compris des tout-petits. Selon l'anthropologue Margaret Mead : « Le pire, c'est que la mère s'enferme avec son bébé 24 heures par jour, ce que jamais personne n'a vu dans toute l'histoire de l'humanité. »

Si vos principes d'éducation s'accordent avec ce qui est décrit dans le présent livre, vous trouverez plusieurs mères de même allégeance dans la ligue La Leche. Vous n'êtes certainement pas obligée d'avoir les mêmes méthodes d'éducation que toutes les amies que vous vous ferez, mais vous arriverez plus facilement à comparer vos observations sur bébé et à prévoir vos activités si vous partagez grosso modo les mêmes idées sur ce sujet. (Évitez les débats sur l'éducation avec les autres mamans. C'est là un sujet délicat pour la plupart des gens, et chacun veut croire qu'il fait de son mieux pour ses enfants.)

Certaines bibliothèques proposent des séances de lecture d'histoire pour les bébés, et c'est pour vous l'occasion de jeter un coup d'œil sur les autres mamans pour en trouver qui ont l'air sympathique et qui ont des bébés de l'âge du vôtre. Vous pouvez même former un groupe de mamans en plaçant une petite annonce dans votre journal local ou en posant des affiches près du parc voisin, de votre épicerie, de votre église ou d'un centre de loisirs. J'ai moi-même rencontré beaucoup de merveilleuses mamans qui pensaient à peu près comme moi, le jour où j'ai répondu à une petite annonce cherchant « groupe de rencontre pour parents et enfants qui s'adonnent à l'éducation par attachement ».

Vous pourrez avoir vraiment plus de plaisir avec votre bébé si vous avez des amies qui ont, elles aussi, des bébés. En plus de tous ces points en commun qu'ont les nouvelles mamans, il y a des chances que ces mères aient des horaires semblables au vôtre, alors que vos amies d'avant-bébé sont probablement au travail.

Même si vous êtes timide et que vous n'avez jamais eu de facilité à entamer des relations avec des inconnus, voyez si par hasard les choses n'ont pas changé. « Quel âge a-t-il ? » et « Oh ! Il a les mêmes yeux que vous ! » sont des phrases beaucoup plus faciles à dire que ces clichés que nous utilisions pour rencontrer des garçons quand nous étions des jeunes filles ! La plupart des nouvelles mamans adorent parler à tous ceux et celles qui démontrent le moindre intérêt pour leur progéniture, surtout si vous commencez par le banal : « Comme il est mignon ! »

Une fois que vous avez trouvé quelques bonnes copines-mamans, rendez-vous souvent visite les unes les autres. En passant de plus en plus de temps avec ces femmes, votre bébé apprendra à les connaître et, à un moment donné, vous pourrez tour à tour garder les bébés les unes des autres. Vous pouvez même vous réserver une journée de la semaine où chacune d'entre vous prend avec elle les bébés des autres. Imaginez seulement tout le boulot que vous pourriez abattre s'il y avait chez vous une maman et son bébé jouant avec votre bébé, pendant que vous allez payer des factures, nettoyer la salle de bain, envelopper des cadeaux ou faire n'importe quelle des tâches qui s'accumulent !

45.

Bannissez de votre vocabulaire l'expression « enfant gâté »

Méfiez-vous des gens qui disent que votre bébé est gâté. Les bébés ne peuvent pas être gâtés. Les bébés auxquels nous réagissons immédiatement et que nous prenons fréquemment dans nos bras grandissent en ayant beaucoup plus confiance dans le monde et en étant beaucoup plus sûrs d'eux que ceux dont ce n'est pas le cas. Avec toutes les études qui ont été effectuées, la plupart des gens devraient savoir cela aujourd'hui.

Le fait d'ignorer un bébé qui pleure ne sert qu'à le rendre plus malheureux, affolé et angoissé. Il peut finir par s'arrêter de pleurer, mais seulement après qu'il aura compris qu'il ne valait pas la peine que ses parents lui accordent du temps et de l'attention. Il peut facilement devenir un enfant dépendant et pleurnichard, et ensuite un gamin souvent capricieux et malheureux.

La peur de gâter les enfants nuit de façon tragique à la formation de liens ! Le magazine *Newsweek* soulignait combien une relation mère-enfant attentionnée favorise fondamentalement la capacité d'apprentissage et l'évolution des sentiments. Ce lien si important contribue à former les circuits du cerveau qui permettent d'apprendre à parler, à maîtriser les mathématiques, la musique et à atteindre la maturité affective. Il constitue le terreau même à partir duquel toute la personnalité de l'enfant s'épanouira et se développera.

Le chercheur reconnu Stanley Greenspan appelle cela « l'association essentielle » et Sigmund Freud décrit le lien mère-enfant comme étant « unique, sans comparaison, établi de façon inaltérable pour toute la vie en tant que premier objet d'amour et archétype de toutes les relations amoureuses qui suivront, et cela pour les deux sexes ».

Dans leur merveilleux livre, *What Every Child Needs,* Elisa Morgan et Carol Kuykendall citent le pédiatre Frederic Burke : « Je crois fermement qu'un enfant s'imprègne très tôt l'esprit de ce qu'il ressent quand il est dans les mains et les bras de ses parents ; et bien qu'il semble oublier ces sensations, elles ont une énorme influence sur son amour-propre et elles déterminent quelle sorte d'adolescent il ou elle deviendra. »

Mon amie Hélène fait remarquer la chose suivante : « Quand les fruits sont gâtés, c'est parce qu'on les a laissés pourrir là, alors pourquoi les gens pensent-ils que les enfants peuvent être gâtés s'ils reçoivent trop d'attention ? Ce n'est qu'en négligeant une chose qu'on la gâte. »

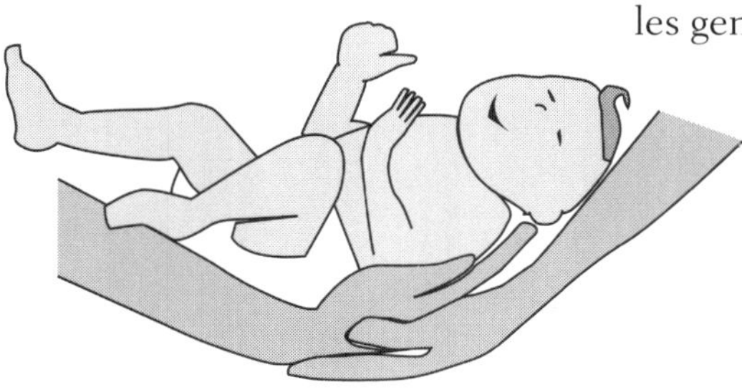

46.

Ne soyez pas obsédée par la santé de bébé

Il est normal de vous en faire pour la santé de votre bébé, mais plus vous serez détendue, plus bébé sera heureux. Au point de vue biologique, vous êtes programmée pour tout faire afin de vous assurer que votre bébé reste en santé, mais il y a déjà tant de choses que vous pouvez faire sans empoisonner inutilement votre vie et la sienne. Dans les limites du raisonnable, essayez d'empêcher les microbes d'envahir l'environnement de bébé en insistant pour que tous ceux qui touchent bébé se lavent souvent les mains. Surveillez attentivement bébé pour détecter des symptômes de maladie, changez ses couches fréquemment pour éviter les rougeurs, et assurez-vous que bébé est bien nourri. Ensuite oubliez toute idée de catastrophe et jouissez du bonheur d'avoir un enfant en santé !

Une amie me confiait récemment qu'elle devait constamment chasser de ses pensées l'image horrible de son bébé victime d'un grave accident en son absence. Bien des parents sont hantés par de telles idées, alors ne croyez pas que vous êtes folle si vous faites partie du nombre ! Les humains sont constitués pour ressentir fortement la nécessité d'assurer la sécurité de leur progéniture, alors aussi étranges et troublantes que soient ces visions, elles servent à nous rappeler notre mission.

Le meilleur moyen d'éviter ces crises de panique, c'est de garder bébé près de vous le plus souvent possible, y compris la nuit. Rien ne chavire autant les parents que la hantise du syndrome de la mort subite. On a beaucoup dit qu'il y a moins de danger que les bébés soient victimes de ce syndrome s'ils sont placés sur le dos pour dormir, mais ce n'est pas la seule précaution à prendre pour lutter contre cette terrible source d'angoisse chez les nouveaux parents. Beaucoup de témoignages renforcent la théorie selon laquelle le partage du lit avec bébé réduit les risques de ce syndrome, tout comme il contribue à régulariser le système digestif des bébés et leurs autres fonctions physiologiques.

Voici ce qu'écrit le professeur James McKenna, un chercheur qui s'est penché sur le syndrome de la mort subite: «Dans toute l'espèce humaine, on constate que la norme, ce sont les bébés dormant en famille, du moins pendant la première année, contexte auquel les enfants et les parents sont adaptés aux points de vue biologique et psychologique.» En parlant des enfants qui dorment près de leurs mères, il continue: «Ce modèle s'est instauré chez les humains sur une période d'au moins quatre millions d'années d'évolution et il constitue une réaction spécifique aux besoins biologiques et sociaux du petit de l'humain.»

Les recherches du docteur McKenna ont démontré que le fait d'entendre un parent qui respire tout près de lui durant son sommeil contribue à régulariser le rythme de respiration du bébé, ce qui réduit par conséquent la menace du syndrome de la mort subite. Les données géographiques renforcent les conclusions de cette recherche. C'est dans les sociétés urbaines où les bébés dorment seuls en général que l'on trouve l'incidence la plus élevée de cas de syndrome de la mort subite, comme aux États-Unis, en Grande-Bretagne, au Canada et en Nouvelle-Zélande. Dans les sociétés urbaines où les bébés dorment avec leurs mères, comme à Hong-kong, à Stockholm, à Tokyo et à Jérusalem, les statistiques révèlent un nombre beaucoup moins élevé de victimes du syndrome de la mort subite.

En plus, si vous partagez votre lit avec bébé, vous pourrez détecter beaucoup plus rapidement un accès de fièvre, ce qui vous permettra de l'enrayer avant qu'elle ne monte trop. En outre, vous forgerez un lien plus intime avec bébé, ce qui vous permettra de mieux percevoir d'éventuelles manifestations de la maladie et de voir la différence d'avec un simple état grincheux. N'est-ce pas le meilleur moyen de mettre un terme à vos obsessions sur la santé de bébé que de l'avoir là, juste sous votre aile?

47. Laissez bébé décider quand c'est le temps de manger du solide

Si vous allaitez, votre bébé mange bien. Il n'y a aucune raison diététique pour commencer à le nourrir avec des aliments solides avant qu'il n'ait au moins six mois. Toutefois, pour favoriser son développement, vous voudrez sans doute surveiller de près le moindre signe qui montrerait que bébé a envie d'essayer. Quand vous mangez, tente-t-il de toucher votre nourriture et ouvre-t-il la bouche quand vous ouvrez la vôtre ? La plupart des bébés manifestent très clairement qu'ils veulent manger du solide, en faisant des mimiques affamées et en tentant d'attraper tout ce que vous essayez de manger.

Les pédiatres recommandent en général des céréales de riz pour initier bébé (de préférence mélangées avec votre lait), mais j'aime bien la suggestion du docteur William Sears qui consiste à déposer une petite motte de bananes écrasées sur le bout du doigt. Il fait remarquer que votre doigt est doux et chaud, et que bébé y est déjà habitué. Si bébé vous recrache cette première bouchée, son message est non équivoque. Entendez-le, et donnez-lui du temps avant de lui offrir à nouveau du solide.

Si bébé avale cela avec enthousiasme et ouvre la bouche pour en avoir d'autre, vous avez officiellement franchi l'étape du solide ! Il y a beaucoup de livres qui montrent comment alimenter bébé, alors je vais vous laisser vous renseigner ailleurs sur ce sujet. Cependant, pour qu'un bébé mangeant du solide continue à être un bébé heureux, vous devez apprendre à lui faire confiance quand il se manifeste. Ne forcez jamais un bébé à manger parce que vous croyez qu'il devrait manger. Il est parfaitement normal que le lait maternel ou maternisé constitue environ 90 % de l'alimentation du bébé aux environs de neuf mois, et pour les bébés nourris au sein, ce pourcentage peut très bien continuer à convenir même après un an. Si bébé détourne le visage, garde la bouche bien fermée ou paraît simplement désintéressé, respectez son désir d'arrêter de manger. Quand il aura vraiment *besoin* de solide, il *voudra* en manger, bien que vous ayez parfois à être inventive pour le convaincre d'accepter certains aliments.

48.

Quand bébé mange du solide, que ça fasse miam-miam

Dans le commerce, les aliments pour bébé contenaient autrefois du sucre et de l'amidon jusqu'à ce que les mamans se mettent en rogne et commencent à protester. Désormais ces aliments ne contiennent rien d'autre que de l'eau ainsi que l'aliment affiché sur l'étiquette. On présume qu'ils sont bien meilleurs pour la santé aujourd'hui, mais ils sont incroyablement fades et bien des bébés n'en veulent pas. Je ne peux m'empêcher de me demander si ce petit supplément de sucre était une si mauvaise chose puisque cela contribuait à remplir les ventres des bébés de fèves vertes, de dinde et de courges. Certains experts soutiennent que les bébés n'aiment pas les aliments sucrés ou assaisonnés et qu'ils se contentent très bien de cette nourriture fadasse, mais selon mon expérience et celle de plusieurs de mes amies, ce n'est pas ainsi que les choses se passent.

Tucker rejetait bruyamment ce que je lui préparais avec les aliments biologiques même les plus purs, mais il s'empiffrait de bon cœur quand je lui rendais ces aliments plus goûteux, plus assaisonnés.

Même quand bébé a commencé à manger avec ferveur, ne vous attendez à aucune cohérence dans ses préférences. Les aliments qu'il déteste aujourd'hui peuvent être ses préférés la semaine prochaine. La quantité qu'il est heureux d'ingérer peut également varier beaucoup de jour en jour. Surveillez ses réactions. C'est son appétit, son estomac, ses décisions. Point à la ligne. Les bébés ne se laisseront pas crever de faim. Votre travail consiste uniquement à leur offrir des choix nutritifs.

Aux environs de six mois, la plupart des bébés adorent pratiquer leur motricité fine en ramassant des aliments avec leurs doigts. Certains bébés peuvent avoir besoin d'aliments riches en fer à ce moment-là, et j'ai constaté que les céréales Cheerios étaient extrêmement bienvenues comme denrée riche en fer et à prendre avec les doigts. (Cependant, on y trouve effectivement un peu de sucre, alors si vous êtes une pure maman santé, ne m'écoutez pas.)

Comme Tucker insistait pour manger tout seul presque depuis le début, j'ai pris l'habitude d'étaler sur les Cheerios toutes sortes d'aliments broyés que j'avais préparés pour lui et d'en faire des petits canapés dans son assiette. La purée gluante rendait les Cheerios collants sur le dessus et il pouvait encore plus facilement les ramasser avec les doigts ! Quand il est devenu plus grand, j'étalais de ces tartines sur des morceaux de fromage, de minces tranches de pomme ou du pain entier coupé en petits cubes.

À un an, il peut arriver que bébé joue avec le contenu de son assiette plutôt que de le manger. Aussi exaspérante que puisse être cette période pour celles d'entre nous qui sont les plus fana de la propreté, bébé

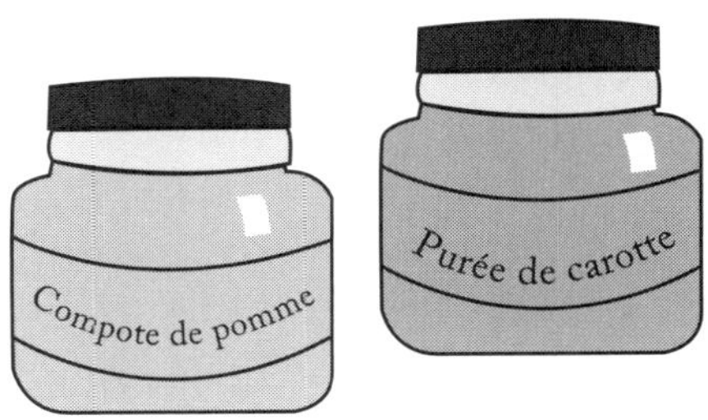

apprend de cette expérience. À un certain moment, vous voudrez toutefois commencer à freiner cette tendance qu'a votre bébé à tout transformer en purée, à lancer les objets ou à les laisser tomber par terre. C'est vous qui connaissez le mieux votre bébé. Une fois qu'il est capable de comprendre ce que maman ressent, vous pouvez lui expliquer que ce fouillis vous rend malheureuse et que vous voulez que votre tout-petit s'efforce de manger plutôt que de jouer. S'il persiste, éloignez-le simplement de la table et terminez le repas. Il finira par apprendre que vous n'autorisez pas certaines activités avec la nourriture.

Bébé atteindra une étape où il voudra désespérément tenir sa cuillère. Laissez-le s'exercer à manger tout seul. Cela provoquera beaucoup, beaucoup de désordre, alors je ne vous recommande pas d'essayer cela avec de la purée de carottes ou tout autre légume orangé, car ce sont ceux qui tachent le plus. Essayez d'écraser des bananes dans un bol, tout en y laissant des petits morceaux solides que bébé trouvera facile à saisir. Si vous utilisez de la nourriture préparée d'avance, mélangez-y un peu de céréales sèches pour bébé afin que cela devienne plus grumeleux. Après un an, la salade aux œufs convient bien parce que la texture est tout juste parfaite pour rester dans la cuillère.

Les bébés aiment en général les féculents. Dans ma famille, j'ai eu un peu de difficulté avec la viande et les légumes jusqu'à ce que je découvre une fabuleuse invention : le bon vieux fait-tout, qu'on appelle aussi une cocotte. Le matin, vous jetez simplement dans la cocotte un peu de poulet ou de viande (achetée déjà tranchée), des légumes (qui peuvent être congelés), des tomates en boîte, du bouillon de poulet ou de l'eau. Assaisonnez de façon créative, partez le feu et ce soir vous aurez un excellent repas pour tout le monde !

Je le jure, il n'y a pas moyen de manquer ce plat, et vous pouvez en varier les ingrédients pour obtenir un pot-au-feu différent chaque soir. L'avantage, c'est que tout devient aussi goûteux que tendre, alors il ne vous reste qu'à disposer un assortiment de légumes et de viande dans l'assiette de bébé. (Si bébé ne mange pas encore de solide, placez un peu du pot-au-feu dans le mélangeur). J'ai réussi à faire manger à peu près n'importe quoi à Tucker de cette manière. La consistance était idéale pour qu'il puisse mâcher les aliments, et les assaisonnements en amélioraient immensément le goût. (Les bébés ne devraient pas manger trop de sel, alors laissez les adultes saler à table.)

49.

Montrez à votre bébé à s'attendre au bonheur

Bien des psychologues croient que le bonheur s'apprend. Les bébés qui ne sont pas heureux la plupart du temps, au cours de leurs premières années, apprennent qu'il est normal de se sentir malheureux. Nous connaissons tous des adultes qui reproduisent sans cesse des situations malheureuses dans leur vie. Ces personnes semblent ne pas savoir comment être heureuses. On peut penser sans trop se tromper qu'elles ont intégré ce modèle au cours de leur enfance. Nous recherchons tous ce qui nous est familier, consciemment ou non.

Si nous faisons en sorte que nos bébés soient le plus heureux possible quand ils sont tout petits, ils en viendront à penser que le bonheur constitue la façon normale de vivre. Ce sont ces bébés qui grandissent en devenant des personnes créant autour d'elles des situations satisfaisantes et de belles relations, et qui sont capables d'être optimistes même pendant les mauvaises périodes. Quelle sorte d'adulte voulez-vous que votre enfant devienne ?

Par ailleurs, c'est un travail difficile et frustrant pour *vous* que d'élever un enfant malheureux. Rendre votre enfant heureux tandis qu'il est bébé vous permettra de jouir de votre rôle de parent pendant des années et des années. Des recherches ont montré que les bébés élevés selon les principes de l'attachement, qui sont portés dans des bandoulières, qui sont nourris sur demande et qui dorment avec leurs parents pleurent en général moins de la moitié du nombre total de minutes que les bébés élevés selon les principes du détachement, qui sont promenés dans des poussettes, nourris à horaires fixes et obligés de dormir seuls. Plus un bébé pleure longtemps, plus il devient tendu et déchaîné, et plus il grandit en s'habituant à être malheureux.

Comme l'éducation par attachement minimise les situations qui produisent de la tension, les enfants des parents qui prônent ce mode d'éducation sont en général calmes et souriants. Les avantages se multiplient même plus tard au cours de l'enfance. Jusqu'à leur premier anniversaire, les bébés élevés ainsi pleurent moins du quart de leurs semblables élevés selon les principes du détachement! Bref, ces bébés en viennent à percevoir le bonheur comme leur état normal.

J'ai eu le privilège d'être aux premières loges pour assister aux effets à long terme de l'éducation par attachement et cela frôle la magie. Sans exception, les enfants plus vieux que je connais et qui ont été élevés de la sorte sont de petits êtres chaleureux, qui ont confiance en eux et qui, de toute évidence, sont à l'aise et heureux de vivre. Ils sont intelligents, drôles et populaires aussi bien auprès de leurs semblables qu'auprès des adultes. Ils sont exactement la sorte d'enfant que nous rêvons tous d'avoir. Que dis-je, ils sont exactement la sorte de personne que nous rêvons tous d'être.

Parmi toutes les choses que vous voulez enseigner à votre enfant, l'art du bonheur n'est-elle pas la plus importante ?

50.

N'empêchez pas votre bébé de bouger

Une fois que bébé a commencé à se déplacer, ce qui risque le plus de le faire pleurer, c'est d'abord la frustration de constater qu'il n'arrive pas aussi bien qu'il le voudrait à utiliser ses habiletés naissantes, ensuite la colère contre vous si vous essayez de l'en empêcher. Les bébés ont l'intense désir d'explorer et d'apprendre, et ils ne peuvent pas du tout comprendre que certaines situations et certains objets les mettent en danger.

Les images brillantes et les bruits amusants qui viennent de votre ordinateur l'intriguent et bébé veut toucher. Vous l'arrêtez et il se fâche. Il ne comprend pas pourquoi vous ne voulez pas le laisser explorer ce merveilleux jouet. Quelques instants plus tard, il ne se rappellera pas que vous l'en aviez empêché et tentera probablement de recommencer. Cela vous exaspère, mais exaspère encore plus bébé. Il est tout aussi frustré que vous ! Il n'essaie pas de vous manipuler, pas plus qu'il ne fait exprès pour ignorer ce que vous dites. Il exprime simplement son besoin inné d'apprendre. Une fois de plus, la meilleure stratégie pour assurer la sécurité de bébé et l'empêcher de briser des objets, c'est de le distraire et de l'éloigner quand la situation menace de tourner au désastre.

Contrecarrez bébé le moins possible en aménageant votre maison pour qu'elle soit à son épreuve et en dispersant un peu partout des tas d'objets intéressants qu'il *peut* explorer. J'aime bien de temps en temps changer la disposition de ces objets épars, de sorte que chaque jour constitue une nouvelle aventure pour l'enfant. Une fois qu'il a commencé à ramper, ne vous contentez pas de tendre à bébé un nouvel objet pour l'amuser. Laissez-le trouver cet objet. Une bouteille de ketchup en plastique, vidée et rincée, avec une pièce de monnaie à l'intérieur pour faire un peu de bruit, me permit un jour de garder Tucker occupé pendant une bonne partie de l'avant-midi !

Parfois, même si vous n'interférez pas, bébé sera frustré par son inaptitude à accomplir une chose. Il est important de laisser les bébés essayer d'agir tout seuls, mais il n'y a rien de mal à les aider s'il paraît évident qu'ils échoueront ce qu'ils ont entrepris. Un bébé qui tente désespérément de grimper à une patte de la table pour récupérer l'animal en peluche qui traîne sur le bord de cette table appréciera qu'on le soulève pour qu'il puisse atteindre le jouet. Mais si bébé est en train d'apprendre à ramper et que l'ours en peluche est légèrement hors d'atteinte sur le plancher, il vaut mieux attendre quelques minutes pour voir si bébé parcourra tout seul l'espace qui le sépare du jouet. S'il atteint l'ours en peluche de cette manière, il sera plus excité et cette réussite lui donnera un surplus de confiance.

51.

Aidez bébé à exprimer le mieux possible ses émotions

Votre enfant apprendra à exprimer librement ses émotions si vous reconnaissez vraiment ses sentiments et que vous comprenez ce qu'il ressent. Quand il est un poupon et que vous répondez rapidement à ses appels, il comprend que ses désirs et ses volontés ont de l'importance.

Quand il sera plus grand, sans doute trouverez-vous souvent ses émotions injustifiées, comme quand il s'écrase sur le plancher, hurlant de façon dramatique parce que vous ne lui donnez pas les merveilleuses cisailles de jardinier qu'il vous voit utiliser. Il serait facile de nier son désespoir en lui disant : « Ne soit pas si bête. Joue plutôt avec ce jouet. » Mais en le repoussant, vous ne tenez pas compte de ses sentiments qui sont pourtant très authentiques.

Même si vous avez l'impression qu'il a tort d'être aussi bouleversé, essayez de vous mettre à sa place. Il ressent en lui une puissante envie d'apprendre à connaître les objets qu'il découvre, y compris les cisailles de jardinier. Si vous prenez le temps de l'aider à calmer ses émotions, il se sentira reconnu. Il saura que ses sentiments ont de la valeur et qu'il a de la valeur. Penchez-vous pour être à sa hauteur, regardez-le dans les yeux et dites-lui : « Tu veux vraiment jouer avec les cisailles, hein ? C'est difficile de vouloir quelque chose et de ne pouvoir l'obtenir. Mais je ne te laisserai pas jouer avec les cisailles parce qu'elles sont coupantes et que tu peux te blesser. Trouvons un autre objet avec lequel tu pourras t'amuser. »

Ainsi, vous réussirez beaucoup plus rapidement à lui faire oublier ce qui le contrarie et son état général s'améliorera probablement, car même s'il se fait refuser les cisailles, il se sentira compris et unique à vos yeux. C'est ce qu'il veut, et c'est ce qu'il lui faut, plus que de jouer avec n'importe quel objet.

Accordez toujours de l'attention à votre enfant quand il essaie de vous dire quelque chose. Même s'il reste encore bien des mois avant que son langage ne soit compréhensible, si vous regardez votre bébé dans les yeux, que vous lui faites signe gentiment et que vous faites votre possible pour déchiffrer ce qu'il veut dire, vous serez étonnée de voir le niveau de communication que vous atteindrez tous les deux.

52. Aidez votre bébé à découvrir sa personnalité

Même pendant leur toute première année, les bébés commencent à se faire une image d'eux-mêmes qui leur collera à la peau tout au long de leur vie. Une grande partie de cette image provient de vous. Souvent les bébés ont des personnalités distinctes dès leur naissance, mais ne vous empressez pas trop d'étiqueter votre bébé comme étant « timide et calme » ou « courageux et aventureux », ou toute autre désignation qui pourrait limiter ou empêcher votre enfant d'épanouir pleinement son potentiel.

Vers 8 ou 10 mois, l'enfant commence à savoir qu'il est une personne à part entière, avec des goûts et des aspirations à lui, et il commence à dire tout haut les désirs qu'il découvre en lui. Cependant, un véritable sentiment d'indépendance ne fera probablement surface qu'entre 12 et 18 mois, quand bébé fera les choses avec la nette intention d'obtenir une réaction de votre part.

Il sera ravi de faire à répétition tout geste qui vous fait rire ou vous incite à le féliciter, mais malheureusement, il aura aussi l'envie irrésistible de répéter sans cesse d'autres gestes qui provoquent une mauvaise réaction. Ce n'est pas pour faire du mal ; il s'agit tout simplement de son processus d'expérimentation. Il sait peut-être que vous avez déjà dit non une fois, mais comment peut-il savoir que vous allez toujours dire non s'il n'essaie pas de refaire cette chose quelques douzaines de fois ?

Entre un an et un an et demi, il développera les habiletés nécessaires pour trouver des solutions aux problèmes, utiliser des instruments lui permettant de parvenir à ses fins, penser à des choses et les nommer sans nécessairement les voir à ce moment-là, et même imaginer des choses et faire semblant. Il a entamé le processus qui consiste à s'inventer lui-même. Bien que cette période représente un moment crucial pour établir des règles et les renforcer, essayez d'instaurer le moins de restrictions possible. Si vous n'êtes pas extrêmement sensible à l'éveil de sa personnalité, vous pourriez involontairement tuer dans l'œuf certains traits de caractère que, plus tard, vous auriez pu chérir en lui.

53.
Aidez bébé à surmonter cette épreuve : le changement de couches

À un moment donné, quand ils ont plus de huit mois, les bébés commencent à se tortiller comme des vers de terre sur la table à langer. En ce qui me concerne, pour les changements de couche, je me réservais une chanson qui réussissait habituellement à arrêter Tucker de s'agiter. N'empêche que la chanson ne suffisait pas toujours et que j'avais parfois beaucoup de difficulté à le contenir.

Entamez chaque séance de changement de couches en vous attendant au mieux. Si vous êtes de bonne humeur et enjouée, et que vous donnez à bébé un jouet pour le distraire, il ne s'agitera peut-être pas autant que s'il sent que vous vous attendez qu'il s'agite. Voici une distraction particulièrement efficace : un ballon gonflé à l'hélium et flottant au-dessus de la table à langer, la corde suspendue juste assez bas pour que bébé puisse tirer sur la corde quand vous commencez à le changer. (Ne laissez jamais les bébés jouer sans surveillance avec des ballons, car ceux-ci comportent des dangers pour la sécurité des enfants. Ils peuvent s'étrangler avec des morceaux de ballons éclatés ou peuvent s'enrouler la corde autour du cou si celle-ci mesure plus de 18 cm.)

Mon amie Jeanne laisse sa petite Émilie, huit mois, ouvrir et fermer la boîte de mouchoirs et en tirer un ou deux. Cette gâterie, réservée aux changements de couche, amuse suffisamment Émilie pour lui enlever toute envie de protester.

Mon amie Julie, faisant appel à la technique de renforcement positif, finit par contenir son petit contorsionniste de neuf mois, Loukas. Elle raconte : « Lors des changements de couches, j'ai commencé à féliciter Loukas quand il était joyeux et obligeant. Nous applaudissions ensemble après chaque changement de couches, et quand il m'avait aidée je me faisais un devoir de l'en féliciter. Ça marchait ! Pas la première fois, ni même la vingtième, mais après environ une semaine, il devint pour moi un véritable allié dans l'opération du changement de couches. Si j'avais à donner un conseil à une autre mère, je l'encouragerais à remercier son bébé et à le féliciter chaque fois qu'il s'est bien comporté pendant le changement de couches et cela, bien avant que cette opération ne devienne un défi olympique !

54.
Emmenez bébé quand vous voyagez

Bien des nouveaux parents regrettent d'avoir perdu un style de vie où ils pouvaient partir en voyage de façon impromptue, comme ils aimaient le faire avant que bébé n'entre dans le portrait. Quand vous pratiquez l'éducation par attachement, prendre des vacances en trio est souvent presque aussi facile ! Bien que la plupart des bébés aiment la routine, pour ceux qui sont élevés selon les principes de l'attachement il est facile de rester heureux tout en voyageant, car vous leur donnez une pleine mesure de ce qu'ils aiment le mieux : votre corps, votre voix et beaucoup de chaleureuses attentions. Si vous gardez l'enfant près de vous et que vous êtes sensible à ses besoins, la nouveauté et l'excitation du voyage seront probablement un cadeau pour lui.

Les voyages en avion sont gratuits pour les enfants de moins de deux ans si vous les prenez dans vos bras. Quand il y a de la place à bord, certaines entreprises aériennes vous laissent placer et attacher bébé dans un siège d'auto sur la banquette adjacente à la vôtre. Certaines offrent même des rabais pour vous inciter à acheter une place qui sera occupée par le siège d'auto. Les entreprises aériennes prétendent qu'il est plus sûr pour bébé de faire le voyage attaché dans un siège d'auto, car dans les cas de grosses turbulences vous pourriez l'échapper s'il était dans vos bras. J'ai décidé de ne pas m'inquiéter d'une telle éventualité, car j'ai voyagé avec Tucker bien attaché à mon corps dans la bandoulière, où il était beaucoup plus heureux que s'il avait été dans un siège d'auto tout au long du vol. (Si je dis cela, ce n'est pas tant pour vous convaincre que pour partager mon expérience. Qu'il faille ou non mettre bébé dans son propre siège dans un avion relève d'une décision personnelle.)

Si possible, arrangez-vous pour que les heures de vol coïncident avec les heures de sieste du bébé ; le mouvement et le grondement du moteur l'aideront à s'assoupir. Si bébé est installé sur vos genoux, allaitez-le au décollage et à l'atterrissage (ou si vous le nourrissez au biberon, donnez-lui un biberon ou une tétine à sucer) pour adoucir la pression qui s'exerce sur ses minuscules tympans lors des changements d'altitude. Tous les bébés que je connais dorment paisiblement en avion quand ils boivent au sein.

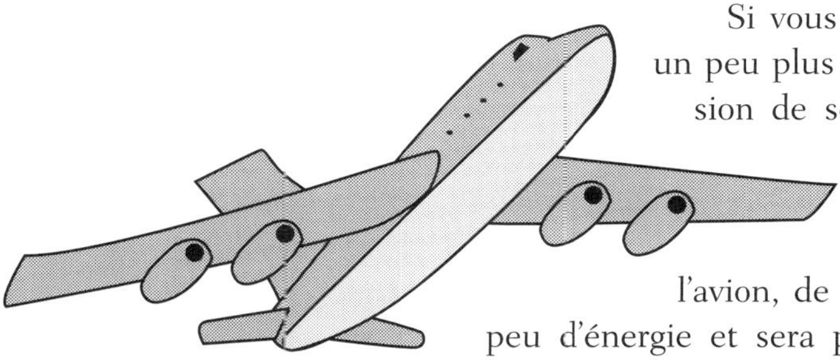

Si vous voyagez avec un enfant un peu plus vieux, donnez-lui l'occasion de se promener dans l'aéroport (tout en le surveillant de près !) avant de monter à bord de l'avion, de sorte qu'il dépensera un peu d'énergie et sera prêt à s'allonger et à se détendre pendant le vol. Apportez de nouveaux livres et des jouets souples et silencieux, et demandez un siège à l'avant pour avoir assez de place pour faire des jeux sur vos genoux. Dans certains vols, les agents de bord servent sur demande de la nourriture pour bébé ou des croustilles.

Si vous parcourez de grandes distances, un vol direct n'est pas nécessairement l'idéal. Une escale permet à bébé de changer d'air et à vous de le changer de couche à votre aise, et pour un bébé un peu plus vieux, c'est l'occasion de courir un peu pour se dégourdir les jambes.

Les voyages en train sont parfaits pour les bébés! C'est pour vous une belle occasion de lui accorder toute votre attention sans être interrompue par le téléphone et par les choses qui prennent de votre temps. Si votre bébé est âgé de plus d'un an, il sera probablement fasciné par les gares et aussi par les trains eux-mêmes. Profitez des paysages que vous voyez défiler par la fenêtre pour lui faire remarquer de nouveaux points de vue et lui montrer de nouveaux mots. Apportez des livres ainsi que des jouets souples avec lesquels vous pourrez jouer ensemble.

Même de très longs voyages en auto peuvent être très amusants pour chacun, à la condition que vous soyez accompagnée d'au moins un autre conducteur. Toutefois, ne vous attendez pas que bébé soit content de rester assis tout seul sur la banquette arrière. La personne qui ne conduit pas doit jouer avec le bébé, en arrière, et si cette personne est la maman qui allaite, alors tant mieux! Mon amie Anne a fait plusieurs longs voyages à travers le pays en auto avec son mari, Serge, et leur bébé Stéphanie. Serge conduit, Anne nourrit Stéphanie dans son siège d'auto, et tout le monde parle, chante et s'amuse. Un des avantages de l'auto est que ces voyages vous donnent l'occasion de faire jouer votre musique (ou celle de bébé) et de chanter ou de vous amuser aussi fort que vous le désirez. Les pare-soleil de voiture contribuent au confort du bébé quand il fait chaud.

Il est facile d'aller à l'hôtel quand vous allaitez bébé et que vous dormez avec lui. Bébé ne s'en fera probablement pas, même dans cet environnement inconnu, s'il dort dans un grand lit entre ses parents auxquels il est tellement habitué. Si vous l'allaitez, vous n'aurez pas à vous demander comment réchauffer le lait maternisé ou la nourriture pour bébé. Si bébé mange du solide, voyagez avec des provisions bien choisies pour compléter l'allaitement.

C'est toujours une bonne idée d'emporter un sac supplémentaire avec tout ce qu'il faut pour passer une journée au cas où vos bagages seraient égarés. Si bébé a des allergies ou qu'il souffre d'un problème médical chronique, renseignez-vous auprès de votre médecin avant de partir, pour savoir si celui-ci est prêt à s'occuper de problèmes médicaux par téléphone ou de vous référer à un médecin local.

C'est vous qui connaissez le mieux votre bébé, alors gardez ses préférences à l'esprit quand vous choisissez vos destinations. Un enfant apprécie n'importe quel environnement, quand la température est agréable et quand vos activités vous permettent de l'emmener, installé sur vous dans une bandoulière. Les bambins aiment avoir l'occasion de trotter un peu, mais ils n'ont pas besoin d'autant de distractions que ce sera le cas plus tard, lorsqu'ils seront d'âge préscolaire.

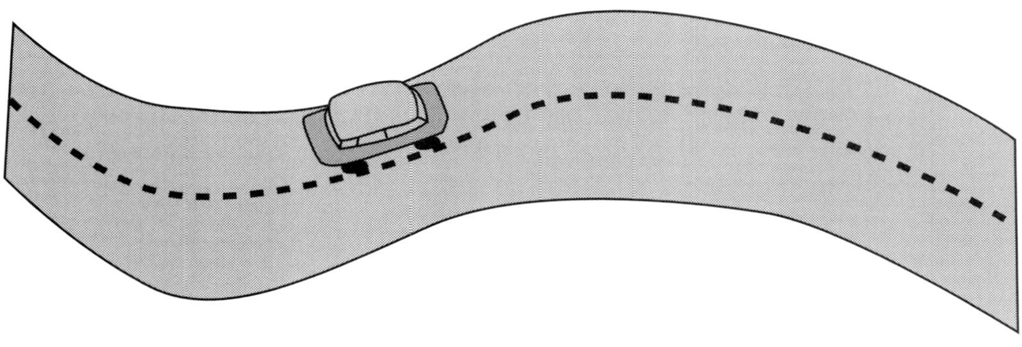

55.
Soyez là dans les moments difficiles

Quand votre petit chéri, votre adorable marmot, se met soudain à gémir et à se plaindre pour n'importe quoi — à ce qu'il vous semble —, réveillez votre amour maternel. Peut-être serez-vous d'abord portée à repousser quelque peu ce petit récalcitrant — et à vous offrir une pause bien méritée — mais cela ne ferait en réalité que prolonger le martyre.

C'est une besogne très difficile que de grandir, et désormais votre enfant aura de la difficulté à supporter sans gémir le processus naturel de croissance. Au cours de ces périodes de grandes tensions, il a encore plus besoin que vous le preniez dans vos bras, que vous jouiez avec lui, que vous le nourrissiez et que vous l'aimiez. Si vous vous *rapprochez* de votre enfant, cela l'aidera plus rapidement et plus sainement à surmonter ces moments difficiles, alors que si vous vous en *éloignez*, vous ne ferez qu'intensifier son stress et le faire durer plus longtemps.

Souvenez-vous également que votre bébé est très sensible à *votre* niveau de stress. Si quelque chose survenant dans votre vie vous empêche d'être complètement à la disposition de votre bébé (aux points de vue émotif ou physique), ne vous surprenez pas si son tempérament change également. Au lieu de lui reprocher son comportement maussade, essayez de comprendre qu'il a besoin de votre attention et qu'il veut être rassuré à l'effet que vous êtes toujours là pour lui.

56.
Soyez économe dans l'achat des jouets

Votre bébé n'a pas besoin d'un tas de jouets. Pendant la première année, le moindre objet avec lequel bébé entre en contact le fascine, y compris tous les articles de la maison que vous lui laissez examiner : il les explore et en profite pour apprendre. De plus, si vous êtes comme la plupart des nouvelles familles, vous verrez que les jouets envahissent votre maison sans que vous y soyez pour quelque chose ! Un tas de parents n'ont jamais l'occasion de choisir les jouets de leur bébé une fois que tous leurs parents et amis ont satisfait leur envie de donner des cadeaux.

Cependant, si pour une raison ou pour une autre vous vous retrouvez sans jouets et que l'enfant semble s'ennuyer avec tous vos bidules de maison, allez fouiller dans les magasins de choses usagées et en consignation. Bébé ne verra certainement pas la différence entre des jouets de seconde main et les derniers jouets à la mode qui coûtent cher, et le budget que vous avez alloué aux jouets s'étirera énormément. Les meilleurs sont les jouets classiques, traditionnels, que bébé peut manipuler lui-même, comme des ballons, des cubes et des jeux de construction. Prenez des objets usuels en bois ou en plastique et qui comprennent un tas d'éléments qu'on peut pousser, tirer et tourner. Choisissez des choses simples. Bébé sera peut-être intrigué par des jouets compliqués et à piles électriques quand il les verra en action, mais plus un jouet agit tout seul, moins bébé peut en faire et moins il apprend.

Ce sont les cubes qui offrent le plus d'occasions d'apprendre. Les tout-petits peuvent y pratiquer leur motricité fine et les plus vieux y voient une invitation à imaginer, à créer et à développer leur confiance et leurs compétences chaque fois qu'ils réussissent à bien placer un morceau. Ces jouets stimulent la conscience des formes et des grandeurs, de la gravité et de l'équilibre ainsi que du rapport entre causes et effets. Le magazine *Child* fait remarquer que les mathématiques et les sciences forment la base des jeux de construction. De plus, ces jouets favorisent les jeux de simulation (on fait semblant que...) et améliorent même les aptitudes au langage.

Les ballons de différents formats fascinent également les bébés, pour différentes raisons et à différents âges. Une activité toute simple, comme de faire rouler un ballon de l'avant vers l'arrière avec bébé, forme de nouvelles connexions neurologiques dans le cerveau, contribue à la croissance du bébé et lui donne la satisfaction de provoquer intentionnellement un effet dans ce monde. Dans une étude, un enfant de 11 mois a joué à faire rouler un ballon en direction de sa gardienne 180 fois avant de perdre intérêt à ce jeu. Je me suis personnellement rendu compte que des balles de ping-pong à très bon marché faisaient partie des jouets préférés des bambins, une fois qu'ils étaient capables de les lancer. Pour de petites mains, elles sont faciles à tenir et à projeter, et elles sont assez légères pour éviter que les petits ne se fassent mal. Achetez-en en surplus et gardez-en toujours quelques-unes en réserve pour le jour où toutes ces balles qui ont par-

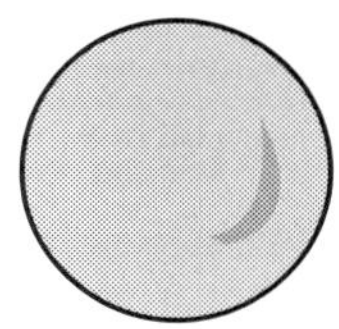

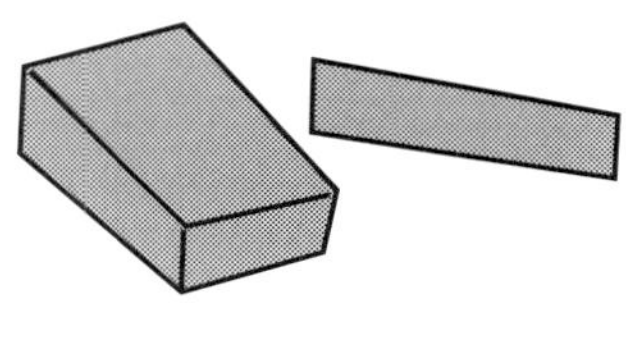

semé la maison pendant des semaines finiront par trouver leur dernier repos sous votre frigo.

Quand vous rapporterez à la maison des jouets achetés au magasin d'articles usagés, vous voudrez les laver pour avoir l'esprit en paix. Si vous avez évité d'acheter des jouets à piles électriques, vous pourrez probablement placer tout votre butin dans l'égouttoir supérieur de votre lave-vaisselle (on peut habituellement laver avec la lessive les objets en peluche et les jouets souples). De toute façon, il est bon de faire cela avec tous les jouets de votre bébé de temps en temps, surtout si votre enfant ou un de ses compagnons a été malade.

Certaines mamans sont facilement rebutées à l'idée d'acheter des vêtements dans des friperies, mais je ne vois aucune raison de vous en faire si vous lavez les articles avant que bébé ne les porte. Les bébés grandissent souvent avant d'avoir eu le temps de les user, et vous pourriez trouver d'adorables articles de qualité que vous n'auriez jamais acheté au plein prix si vous les aviez vus à l'état neuf dans un autre magasin. Vous devrez examiner attentivement les articles d'importance, cependant, pour vous assurer qu'ils correspondent aux normes de sécurité les plus récentes.

Quand votre bébé est devenu trop grand pour ses jouets et ses vêtements, si vous ne connaissez pas d'enfant plus jeune à qui les donner et que vous ne prévoyez pas les mettre de côté pour un prochain bébé, apportez-les dans une de ces boutiques. Grâce aux prix coupés et aux sommes que vous obtiendrez en échange de vos articles usagés, vous pourrez facilement faire une rotation intéressante des jouets afin que bébé soit toujours intéressé, content d'apprendre et de relever de nouveaux défis.

57.
Ne sous-estimez pas les conséquences d'un manque d'attentions

Les bébés ont tellement besoin de chaleureuses attentions qu'en leur absence, ils adoptent une foule de comportements néfastes. Les enfants privés d'attentions peuvent devenir, quand ils atteignent l'âge préscolaire, excessivement collants ou renfermés au point de vue affectif.

Si un parent ne réagit à un enfant que lorsque celui-ci est heureux et se comporte parfaitement bien, cet enfant risque d'apprendre à étouffer tous les sentiments défavorables qui surgissent en lui pour s'assurer de l'attention et de l'approbation de ses parents — mais ces sentiments étouffés referont probablement surface plus tard et d'étranges façons. Ces enfants apprennent à cacher leurs émotions quand ils sont chez eux, mais ensuite ils agissent parfois de façon agressive à l'école, recherchant de leurs semblables et de leurs instituteurs la réaction qu'ils croient inconsciemment mériter : le rejet.

Les bébés privés de contacts physiques chaleureux risquent

ensuite, quand ils seront plus grands, de chercher à se salir et à s'éclabousser le plus possible simplement pour qu'une des personnes responsables les lave ; ou ils se blesseront souvent pour que quelqu'un s'occupe de leurs bobos. Les enfants peuvent même tomber malades parce qu'ils aspirent inconsciemment à obtenir de leurs parents une attention particulière. Ils sont bien contents de troquer leur santé contre le contact sur leurs joues ou leur front d'une main cherchant à savoir s'ils font de la température, ou contre les caresses et les câlins supplémentaires que s'assure un enfant malade.

Quand les enfants privés d'affection atteignent l'adolescence, plusieurs parmi eux cherchent dans la sexualité une occasion de satisfaire un besoin de contacts humains toujours inassouvi. Ils sont cependant souvent incapables de s'attacher profondément à leurs amoureux, étant donné qu'ils ont depuis longtemps mis en place un système de défense pour se protéger contre d'éventuels rejets.

Les drogues constituent une autre zone dangereuse pour les adolescents aux besoins inassouvis et qui recherchent inconsciemment des parallèles entre le bonheur d'être en contact avec les autres et le courant de sensations agréables que propose l'usage des drogues. La prédominance de la violence parmi les adolescents de notre pays est probablement liée au même problème de fond. Dans *The Vital Touch,* Sharon Heller cite une étude effectuée par James Prescott — neuropsychologue autrefois attaché à l'Institut national de santé infantile et de développement humain du Département américain de Santé, Éducation et Bien-être — selon laquelle la cause principale de la violence chez les humains réside dans « un manque de plaisir corporel par les touchers et les caresses au cours des périodes de formation de la vie ».

58.
Concoctez des chansons pour bébé

Inventez vos propres chansons adaptées aux changements de couche, aux voyages en auto, à l'heure du bain ou à quoi que ce soit. Mettez des paroles de votre cru sur des chansons bien connues comme « À la claire fontaine », « Au clair de la lune », « Ah ! vous dirai-je Maman ! », « C'est la Mère Michel » ou « Cadet Roussel ». Si vous chantez toujours la même chanson lors d'une activité donnée, non seulement bébé appréciera mieux l'activité en question, mais il saura également ce qui s'en vient dès que vous commencerez à chanter. C'est là un moyen de plus pour établir très tôt des ponts entre bébé et vous — et également pour faire fonctionner le cerveau de maman, qui risque toujours de s'atrophier à force de trop répéter les chansons traditionnelles et les comptines (qui n'ont d'ailleurs plus beaucoup de sens aujourd'hui).

Depuis le jour où mon frère s'est aperçu que le nom de Tucker convenait parfaitement à la chanson « Qui a peur du grand méchant loup ? », nous avons créé un tas de variations sur ces paroles. « Qui va donc manger ses légumes, ses légumes, ses légumes ?... Ranger ses jouets, ses jouets, ses jouets ?... Se faire changer de couche, changer de couche, changer de couche ?... (Vous voyez un peu) : C'EST LE BEAU TUCKER... »

Le premier mot que prononça Tucker, après maman et papa, fut un mot tiré d'une chanson que son papa lui avait composée. Il s'en servait pour lui faire une séance de danse-et-chanson. Quand il eut environ un an, papa et fiston avaient pris la charmante habitude de se balancer côte à côte tout en roucoulant : « la, la, la... » Il chantait particulièrement juste quand il répétait les trois premières notes de cette chanson parmi ses préférées. Il chantait de plus en plus fort jusqu'à ce que quelqu'un saisisse l'allusion et commence à chanter avec lui.

Mon amie Rosie chante la chanson la plus adorable qui soit pour son bébé, Charles (et pour Tucker aussi), dès qu'il se fait un petit bobo. Le tempo et le rythme de la chanson captivent aussitôt la petite victime et, neuf fois sur dix, il cesse de pleurer sur son bobo pour pouvoir écouter la chanson. Je vous répéterais bien les paroles de ce remède magique, mais elles sont en espagnol. Le début se traduit à peu près comme suit : «Ça va mieux, ça va mieux, mon petit oiseau... », ce qui ne sonne pas aussi bien en français.

59.
Faites entendre de la musique à bébé

Bébé adorera vous entendre chanter, mais la musique enregistrée peut également devenir une grande source de bonheur et de joie. Quand Tucker était nouveau-né, il réagissait extraordinairement bien à un disque de Francis Poulenc que j'avais écouté tout au long de ma grossesse. Dès qu'il était tendu ou qu'il pleurait, les premières notes de cette musique réussissaient immédiatement à relâcher tout son petit corps contre le mien. Un peu plus vieux, il s'animait manifestement quand j'écoutais de la musique, et désormais, il ne manque jamais de sautiller et de danser quand il entend un rythme entraînant — que ce soit une annonce à la télé ou le *ch-ch, ch-ch, ch-ch* d'un télécopieur en marche !

Dans bien des hôpitaux, on se sert de la musique pour inciter les prématurés à prendre du poids et pour aider les enfants à se rétablir de blessures et de traitements de chimiothérapie. Don Campbell, dans son livre *L'effet Mozart*, parle d'un enregistrement de berceuses produit par Terry Woodford et rappelant le son du cœur humain, qu'on utilise pour calmer les petits bébés et les jeunes enfants afin de les aider à dormir. Bien sûr, un véritable cœur a un effet encore plus puissant — mais pour ces bébés forcés de s'endormir tout seuls, il est encourageant de constater que la musique peut donner d'aussi bons résultats.

Campbell écrit qu'au début, « Woodford a distribué des enregistrements dans 150 garderies, mais plusieurs hôpitaux ont également obtenu des copies et les ont testées. À l'Hôpital Helen Keller, en Alabama, lors d'une expérience effectuée auprès de nouveau-nés, on s'est aperçu que 94 % des bébés qui pleuraient s'endormaient immédiatement sans biberon ni tétine quand ils entendaient cette musique. Un jour, à l'université d'Alabama, à Birmingham, des infirmières travaillant auprès de nourrissons recouvrant de chirurgies cardiaques utilisèrent cet enregistrement. Un bébé, aux prises avec un respirateur artificiel, était sur le point de mourir lorsque les infirmières au désespoir songèrent à l'enregistrement de Terry Woodford. À leur grand étonnement, le bébé se calma, tomba endormi et survécut. Woodford continua à distribuer des milliers d'enregistrements, qui sont désormais largement utilisés dans les services de soins intensifs des pouponnières de nombreux hôpitaux.

60.
Retrouvez votre héritage humain

Comme je l'ai dit à plusieurs reprises tout au long de ce livre, vous savez exactement comment faire pour réussir à rejoindre votre bébé. Notre constitution biologique nous a équipées de tous les instincts nécessaires pour assouvir les besoins de nos bébés. Il s'agit simplement de faire totalement confiance à ces instincts et de ne pas tenir compte des idées d'une société qui s'est beaucoup égarée dans ses pratiques de puériculture.

Un des meilleurs moyens de renforcer ces instincts est de rechercher l'animal humain en nous. Si j'avais l'occasion de changer le monde entier en instaurant une seule loi, j'exigerais que tous les parents qui attendent un enfant consultent le livre de Jean Liedloff, *The Continuum Concept,* un classique. Je vous en prie, je vous en prie, *je vous en prie,* achetez ce livre et lisez-le ! L'auteur a vécu auprès d'une population indigène au fond d'une jungle d'Amérique du Sud dont le mode de vie actuel ressemble de très près à celui des humains de la préhistoire. Les découvertes de Liedloff au sujet de la nature humaine sont si ahurissantes, et pourtant on sent tellement qu'elles sont justes, qu'après avoir lu son livre vous ne verrez plus jamais votre bébé du même œil.

En résumé, le principe est le suivant : chaque créature vivante naît avec un ensemble de dispositions physiologiques qui lui donnent des attentes ou des instincts qui favorisent sa survie. Pendant des millions d'années, les bébés humains ont été nourris au sein sur demande, ont dormi tout près de leurs mères et ont été constamment portés. La survie de notre espèce en dépendait. Ce n'est que depuis quelques milliers d'années — une nano-seconde dans le grand parcours de l'évolution — que les choses ont changé. Mais quelques milliers d'années ne suffisent pas pour changer la constitution d'une espèce, de sorte que nos bébés naissent en s'attendant aux mêmes stimuli sensoriels que nos ancêtres.

C'est pourquoi les bébés se conduisent comme ils le font. Ils naissent en s'attendant à être portés par des adultes actifs, de sorte qu'ils s'apaisent quand vous les prenez dans vos bras pour marcher avec eux. Nos lointains ancêtres étaient très occupés à chercher de la nourriture et à travailler tout en portant bébé, et bébé s'attend à ce que vous exerciez ce type d'activités ! Ce n'est pas seulement que les bébés veulent être nourris ainsi — c'est leur être le plus profond qui en a un besoin viscéral. Ils sont terrorisés par toute déviation par rapport aux attentes nées de leurs dispositions physiologiques — c'est une menace à leur survie même. Chez nos ancêtres, laisser un bébé tout seul et sans aide lui promettait une mort certaine entre les griffes et les mâchoires des prédateurs.

Aujourd'hui, les bébés naissent avec ce même besoin instinctif d'être protégés grâce à des contacts humains. Être abandonné tout seul déclenche en eux un déluge d'hormones de stress. Ils pleurent comme s'ils étaient menacés et leur terreur est bien réelle. Ces petites créatures intuitives nous rappellent ainsi que nous ne jouons pas

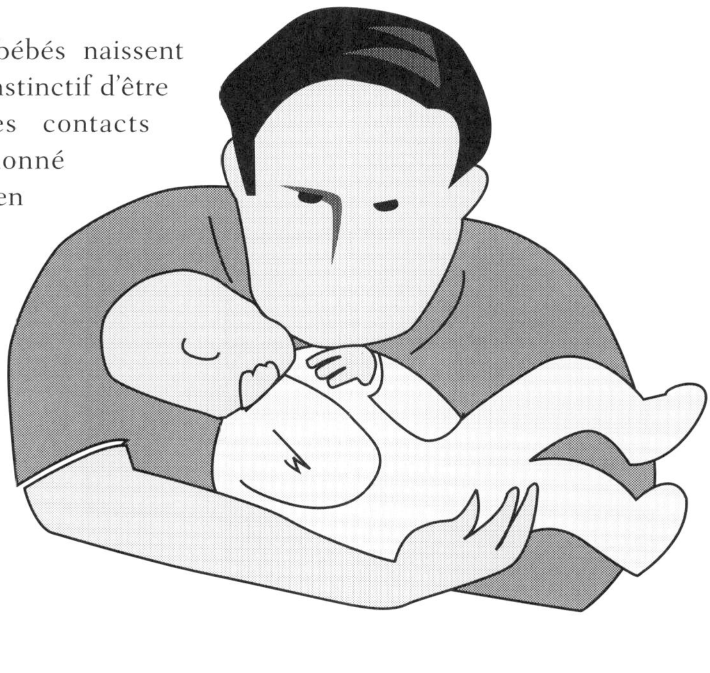

pleinement notre rôle de parents humains. Ils nous donnent des signaux clairs et reconnaissables, et nous, à cause de la société dans laquelle nous vivons, ignorons ces signaux parce que certains de nos récents « experts » nous ont dit qu'il était normal et sain que les bébés soient laissés seuls à pleurer.

Déjà dans les années trente, l'anthropologue Margaret Mead observait les tribus de Nouvelle-Guinée, les Arapesh et les Mundugumor. Les Arapesh étaient des gens chaleureux et paisibles qui portaient leurs bébés contre leurs corps, les allaitaient jusqu'à ce qu'ils entament eux-mêmes le sevrage, et les traitaient avec respect et beaucoup d'affection. Les bébés pleuraient rarement, et si l'un d'entre eux le faisait, il était immédiatement réconforté sur le sein de sa mère. Génération après génération, les Arapesh jouirent d'une société qui fonctionnait dans une grande harmonie.

Les Mundugumor étaient ouvertement agressifs et hostiles entre eux et envers les tribus environnantes. Leurs bébés étaient portés dans des paniers durs et fermes, et recevaient peu de contacts de la part de ceux et celles qui s'en occupaient. Quand un bébé pleurait, sa mère donnait des coups sur le panier pour le faire taire. Les femmes ne tenaient les bébés dans leurs bras que le temps de les nourrir assez pour assurer leur survie et les réinstallaient ensuite dans leurs paniers. Comme on peut s'y attendre, ces bébés grandissaient en parfaite conjonction avec leur société où régnaient la violence et la discorde, une société guerrière de chasseurs de têtes.

Dans notre monde contemporain, nous pouvons choisir parmi plusieurs styles de vie. La manière dont vous choisissez d'élever votre enfant aujourd'hui déterminera le style de vie que lui-même se choisira un jour.

61. Rappelez-vous, les bébés vivent dans le moment présent

Le manque de stimulations sensorielles n'est qu'un des supplices que vivent des millions de bébés parce que leurs mères ont perdu de vue leurs instincts fondamentaux. Le sentiment d'abandon en est un autre. Quand on ne répond pas aux besoins des bébés et qu'on ignore leurs cris et leurs larmes, il n'y a tout simplement aucun moyen pour eux d'éviter les problèmes psychologiques, à un degré ou à un autre.

Peut-être pensez-vous : « Qu'est-ce qui se passe avec le bébé de ma cousine ? Je sais qu'elle le laisse pleurer tout seul dans son lit le soir, et chaque fois que je le vois il sourit et rit aux éclats. Il semble si heureux et équilibré. » Le fait de ne pas satisfaire les besoins d'un bébé peut ne pas sembler avoir de conséquences pendant plusieurs années, et c'est là une des caractéristiques les plus troublantes de l'éducation par détachement. Ailleurs dans le livre, j'ai parlé de certains effets à long terme : le manque d'estime de soi, la difficulté à communiquer et à instaurer des relations avec les autres. Or, à court terme, le bébé de parents détachés peut sembler très heureux quand il a de la compagnie. Après tout, les bébés ne connaissent pas le principe de la faute et n'ont pas la notion du temps. Le moment qu'ils vivent est le seul moment qu'ils connaissent.

Jean Liedloff explique que les mères bien intentionnées mais détachées n'ont aucune idée de la triste manière dont elles traitent leurs enfants parce que ces pauvres bébés comprennent que leur sourire est l'un des uniques moyens dont ils disposent pour obtenir l'attention dont ils manquent si cruellement. « Comme il sourit de manière encourageante dès qu'elle s'approche de lui, sa mère est convaincue qu'elle est la brave maman d'un bébé heureux. L'épreuve amère qu'est tout le reste de sa vie éveillée ne fait naître chez l'enfant aucun ressentiment envers sa mère ; au contraire, cela le rend désespérément impatient d'être avec elle. »

Les bébés désespérément impatients d'être pris et cajolés apprennent très tôt à répéter tout comportement qui les aide à atteindre le but recherché. Quand ils ont de la compagnie, ils peuvent même sembler plus heureux que des bébés élevés par attachement, cette expérience étant tellement bienvenue et constituant un si merveilleux contraste avec le reste de la vie austère qu'ils mènent.

62. Rendez amusante la séance d'habillage

Certains bébés détestent la sensation de l'air contre leur peau nue. D'autres aiment tellement cela qu'ils ne supportent pas d'avoir des vêtements sur le corps. Il arrive même qu'un bébé passe alternativement par des périodes où l'une, puis l'autre des descriptions précédentes lui correspondent ! La plupart des parents peuvent s'attendre à connaître au moins une phase au cours de l'enfance de leur bébé où le moment de s'habiller n'est pas drôle du tout.

De toute évidence, plus les vêtements de votre bébé seront confortables, plus il aura de plaisir à les porter. Les vêtements des très jeunes bébés doivent posséder des encolures larges ou des boutons-pression parce que la petite citrouille qui leur sert de tête est énorme par rapport à leur corps. Tirer un gilet par-dessus le visage d'un petit bébé a quelque chose d'affolant pour lui, alors parlez-lui sur un ton apaisant et abandonnez immédiatement tout vêtement qui ne s'enfile pas facilement sur la tête. Les combinaisons en coton qui se retirent par le bas sont parmi les choix les plus confortables pour de jeunes bébés.

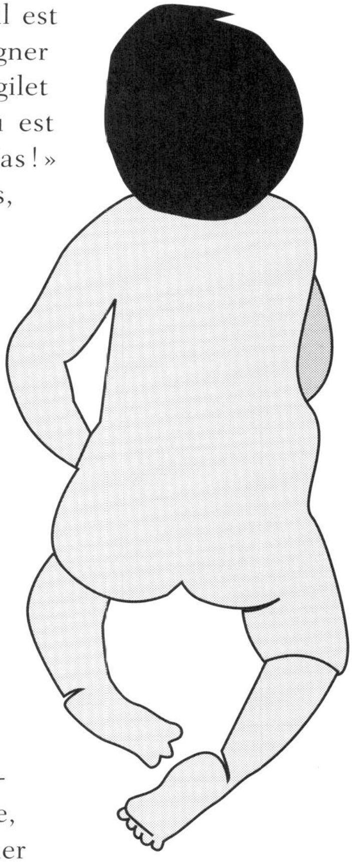

Quand bébé est un peu plus grand, il est facile d'imaginer des jeux pour accompagner ses séances d'habillage. Au moment où le gilet passe par-dessus la tête, vous dites : « Où est Nicolas ? Je ne vois plus mon Nicolas ! » Ensuite, quand sa tête réapparaît : « Tiens, voilà Nicolas ! » Ou quand vous passez une main dans une manche : « Où est la main de Nicolas ? » Une fois de plus, les chansons inventées pour l'occasion peuvent faire beaucoup pour rendre amusante la séance d'habillage.

Prévoyez vos jeux avant de commencer. Par exemple, si le vêtement possède des boutons-pression à la fourche ainsi qu'en avant, le mieux est sans doute de fermer à l'avance tous les boutons de la fourche et d'y glisser ensuite bébé, en commençant par les pieds. Même en distrayant bébé avec des chansons ou des jeux, vous aurez sans doute à faire vite pour avoir fini avant que bébé ne se mette à protester. Pour une raison ou pour une autre, l'exclamation « Oups ! » m'a toujours fait gagner un peu de temps. Si Tucker commençait à se contorsionner, je pouvais faire semblant d'avoir échappé une chaussette et faire « Oups ! » en échange d'un éclat de rire qui durait juste assez de temps pour que j'arrive à attacher le dernier bouton.

Si vous vivez sous un climat chaud — ou s'il y a à tout le moins une saison chaude là où vous vivez —, laissez bébé faire l'essai de la nudité, à l'intérieur et à l'extérieur ! Cela permet plus de contacts de peau à peau (surtout si vous vous promenez vous-même légèrement vêtue) et donne aussi à bébé l'occasion de sentir la chaleur du soleil (pendant de brèves périodes !) et la caresse du vent. La plupart des parents choisissent de mettre au moins une couche à leur bambin, mais mon amie Catherine, par exemple, laisse son fils Antoine apprécier la cour arrière totalement au naturel, pour le plus grand plaisir de celui-ci. Si elle tente de lui laisser une couche, il fait tout pour l'enlever, l'air indigné.

Les souliers sont particulièrement gênants pour certains petits marcheurs débutants, surtout qu'il est difficile pour un parent de savoir si l'enfant est à l'aise dans ces souliers-là. Mon pédiatre dit qu'il n'est pas nécessaire d'acheter ces souliers orthopédiques conçus-spécialement-pour-bébés et qui coûtent cher. Lui et plusieurs autres médecins croient que le mieux est de laisser marcher bébé pieds nus à moins qu'il aille à l'extérieur, là où ses pieds doivent être protégés. À ce moment-là, n'importe quels souliers flexibles et confortables feront l'affaire. J'en suis venue à croire que Mère Nature est assez habile en ce domaine. Si on se fie à son design, les pieds qu'elle a donnés aux bébés marcheront probablement mieux.

63.
Pensez toujours à la situation dans son ensemble

À bien des occasions, au cours des premières années, vous aurez l'impression que les exigences de votre bébé vous dépassent et que l'enfant abuse de vous de façon ridicule. Il est tentant, dans ces situations, d'emprunter les raccourcis qui promettent un soulagement temporaire. Ne tombez pas dans ce piège! Même si la situation vous semble sans issue, votre bébé dépassera incessamment cette exigeante phase de croissance. Les bébés ont d'énormes besoins! Le seul moyen de les aider à avoir moins besoin de vous à long terme, c'est d'assouvir pleinement ces besoins au moment où ils surgissent.

En certaines occasions, même un gamin ressentira le besoin d'être constamment dans vos bras. Si vous y consentez, il sera rassuré et bientôt, il redeviendra à nouveau plus indépendant. Mais si vous refusez, son besoin deviendra plus intense. L'enfant sera collant et pleurnichard jusqu'à vous rendre fous tous les deux ou jusqu'à ce que vous finissiez par céder et lui donner l'extraordinaire attention dont il a tant besoin.

Comme l'a démontré l'exemple du célèbre enfant dont le psychologue Lee Salk a abondamment parlé dans ses recherches, les besoins disparaissent quand ils sont assouvis. Ceux qui ne le sont pas demeurent, mais peuvent prendre de nouvelles formes à mesure que l'enfant grandit. Il est naturel et sain que les petits enfants soient dépendants. Or, les enfants qui n'ont pas eu l'occasion d'avoir une dépendance heureuse n'arrivent jamais à une indépendance heureuse. Leurs dépendances prennent les formes malsaines que nous sommes si habitués de voir chez les enfants plus âgés et chez les adultes.

Montrer à un bébé à se taire quand il est seul dans une chambre pendant toute une nuit constitue un bon exemple de la manière dont on prive un enfant de la dépendance qu'il vit. Voilà d'autres exemples : on force un bébé au sevrage avant qu'il n'y soit prêt ou on le laisse avec une gardienne avant qu'il n'ait eu le temps de créer des liens avec elle. Ces choses semblent — en surface — rendre la vie plus facile au parent, mais à long terme, ils rendent le travail des parents tellement, tellement plus difficile !

Les bébés qui ont été pressés de devenir indépendants deviennent des gamins agressifs et violents. Une fois qu'ils ont atteint l'âge de deux ans, on justifie leur comportement en disant que cela est caractéristique de leur âge, ce sont les « terribles enfants de deux ans » (*the terrible twos*). Le docteur William Sears appelle ces traits de caractère des maladies de sevrage prématuré et insiste pour dire que ce ne sont pas tous les enfants de deux ans qui passent par là. Il soutient : « Au cours de mes 22 ans de pratique pédiatrique, j'ai remarqué que les enfants qui se comportent le mieux sont ceux qui n'ont pas été sevrés avant le temps. » Quand il utilise le mot sevrage, il ne fait pas seulement référence à l'allaitement maternel, mais à toutes les formes d'attachement parental.

Écoutez votre bébé et donnez-vous comme priorité de lui prêter attention. Quand un enfant se lamente, c'est parce que ses parents ont négligé d'y réagir attentivement. Cela survient habituellement quand un enfant a demandé de l'attention à plusieurs reprises et qu'il a été repoussé ou qu'il est devenu tellement habitué aux rebuffades qu'il s'est mis à se lamenter de façon chronique, adoptant cette attitude comme une seconde nature.

Il est tout simplement impossible d'éviter de fâcheuses conséquences si, dès le début, vous ne consacrez pas à l'éducation de votre enfant une énorme quantité de temps et d'énergie. Cependant, l'attention que vous donnez à votre enfant au cours des premières années vous garantira en retour d'énormes avantages dans les années à venir ! En consacrant du temps à votre bébé, généreusement et amoureusement, pendant ces années où il en a le plus besoin, vous vous assurez de vivre des moments heureux tout au long de son enfance.

64.

Réservez-vous une collection de trucs pour sortir bébé de la déprime

Chaque bébé, un jour ou l'autre, aura un coup de cafard. La mauvaise humeur ne vous prend-elle pas par surprise, de temps en temps ? N'appréciez-vous pas alors qu'un de vos proches sache exactement comment vous dérider ? Chaque parent devrait avoir en main un petit arsenal d'armes contre ce visiteur redoutable, l'inexplicable angoisse existentielle du bébé.

Pour de très jeunes bébés, l'allaitement et le portage en bandoulière arrangeront habituellement les choses. Mais quand ce n'est pas le cas, votre arsenal devrait inclure une chanson spéciale, une promenade sur le terrain ou une façon particulière de le tenir. Ma meilleure amie, Christine, avait de la difficulté à réconforter sa petite fille, Jessica, quand le frère de Christine, Laurent, trouva la solution idéale. Il fit faire à sa petite nièce une tournée des arômes de la maison ! Le sens de l'odorat d'un bébé est très développé et Laurent s'aperçut qu'en ouvrant des pots de cornichons et des bouteilles de ketchup, et en proposant à Jessica de les sentir, il put la distraire de ses larmes. Après cette première expérience, Christine se mit souvent à faire des tournées d'arômes et chaque fois ce fut un succès !

Pour des bébés un peu plus vieux, les jouets et les objets qu'ils n'ont jamais vus auparavant arrangent souvent très vite les choses. Les membres de la nouvelle confrérie des bambins sont facilement distraits par à peu près n'importe quel objet amusant et nouveau, s'il pique le moindrement leur curiosité. Mon amie Sara est comme Félix le Chat, ne manquant jamais de sortir des replis de son sac à main quelque spectaculaire dinosaure en caoutchouc et autres objets tout aussi fascinants, ce qui fait invariablement le bonheur de sa fille, Carla, et de Tucker !

Un jour, la grand-mère de Tucker remporta la palme avec des Tic Tacs. Le contenant de ces petites pastilles a le format idéal pour que des petites mains le tiennent ; les Tic Tacs ont belle apparence et sonnent bien quand on les agite, et mieux encore, les bébés peuvent sentir et presque goûter ces gâteries à la menthe en suçant le couvercle en plastique. (Surveillez bébé avec les Tic Tacs ! Assurez-vous que le contenant est bien scellé et enlevez l'étiquette de papier si vous ne voulez pas que votre bébé la mange.) La solution préférée de mon mari est une banale petite lampe de poche en forme de stylo. Tucker est fasciné de le voir l'allumer et l'éteindre, tout comme il est ébloui par les effets qu'il réussit à créer en projetant la lumière sur le plancher ou les murs.

Quand vous vous retrouvez avec un bébé malheureux et que vous n'avez aucun accessoire, prenez un ton animé pour demander à bébé de vous parler de son plus récent exploit. Vers 14 ou 15 mois, Tucker ne manquait jamais de se dérider quand je lui demandais : « Est-ce que Tucker est capable de faire un son BRUYANT ? » Même s'il était en train de pleurer, il s'arrêtait, souriait et me montrait à quel point il savait faire du bruit. Bien sûr la question suivante était : « Maintenant, est-ce que Tucker est capable de faire un son tout DOUX ? » Il me faisait un sourire d'un air conspirateur et me faisait entendre son plus doux murmure. Nommer les parties du corps est un autre jeu amusant à pratiquer quand vous êtes coincée sans jouets, et mon mari réussit toujours à mettre fin aux jérémiades de Tucker en le faisant planer au-dessus de sa tête, dans le style vol d'avion.

Créer des liens avec votre bébé, cela veut aussi dire trouver ce qui remet son bateau à flot. Essayez diverses solutions et, par la méthode d'essais et d'erreurs, découvrez la liste personnelle des solutions favorites de l'enfant. Ensuite faites votre possible pour remplir son monde de ces choses, surtout pendant ces journées où il a le cafard et a besoin d'un petit supplément d'amour.

65. Ne vous appropriez pas tout l'amour de bébé

Au cours de la première année de bébé, la deuxième moitié représente la période où les liens qu'il a déjà commencé à former deviennent vraiment forts. La plupart du temps, la mère est la première figure à laquelle il s'attache, mais ce peut aussi bien être un père ou une gardienne. C'est habituellement la personne avec qui le bébé passe la majeure partie de son temps et qui lui accorde le plus d'attentions. Cependant, les mamans qui craignent que bébé ne s'attache trop à une personne engagée au lieu de s'attacher à elles ne devraient pas s'en faire. Les bébés ont une quantité illimitée d'amour à donner. Tant que maman s'efforce de faire vraiment partie de la vie de bébé, bébé l'aimera.

Même quand c'est maman qui s'occupe surtout de lui, il est bon que bébé ait un cercle plus élargi de personnes à aimer. Cela facilite le travail de maman, qui peut alors prendre congé de bébé à l'occasion tout en sachant que bébé est heureux. Il n'est pas obligatoire que ces personnes fassent partie de la famille. Tucker vit à plusieurs milliers de kilomètres de sa chère tante Monique, mais depuis sa naissance il s'est lié tout particulièrement d'affection avec une tante de substitution, mon amie Louise. Même au cours de la période où il souffrait le plus de la peur de la séparation, il accueillait toujours tante Louise avec le sourire et les bras ouverts.

Les nouvelles mamans tendent à se faire des amies parmi d'autres nouvelles mamans, car cette condition est énorme et lourde à porter et, par conséquent, des femmes qui n'auraient pas grand-chose en commun en temps normal se sentent soudain comme des âmes sœurs. Cependant, une copine sans enfant, comme notre Louise, peut également représenter un véritable atout, du moment qu'elle ressent pour votre enfant ne serait-ce qu'une fraction de l'amour que vous-même ressentez.

De temps en temps, le fait d'avoir des conversations qui n'ont rien à voir avec les bébés peut représenter une pause passionnante pour les nouvelles mamans quelque peu obsédées par le sujet. De plus, quand vous voulez aller quelque part avec une amie sans enfant, il n'y a qu'un seul horaire extravagant de siestes à respecter. Vous pouvez sortir ensemble même si votre bébé est malade (les amies-mamans se tiendront à des kilomètres à la ronde si votre bébé est malade). Quand vous allez au centre commercial, vous n'avez à manœuvrer au milieu de la foule qu'une seule poussette remplie de sacs d'emplettes, et quand il y a deux adultes pour un bébé, il y a toujours quelqu'un pour ouvrir les portes, conduire la voiture et faire coucou.

66.

Voyez si vous pouvez tuer dans l'œuf les coliques

Les statistiques indiquent que 20 % des bébés souffrent de coliques, ce qui veut dire que vous avez une chance sur cinq d'avoir un bébé à coliques. Mais au fait, que sont donc les coliques ? En général, on considère qu'un bébé souffre de coliques quand il pleure plus de trois heures par jour, au moins trois jours par semaine, trois semaines de suite, surtout entre deux semaines et trois mois.

Le seul fait que nous ayons un nom pour désigner cet état implique que notre société considère les coliques comme une situation habituelle. Or, dans d'autres types de sociétés, il n'existe pas de mot pour désigner les *coliques*, et leurs symptômes sont inconnus des parents qui ne souscrivent pas à nos pratiques occidentales contemporaines d'éducation. Dans les sociétés où les mères et les bébés sont rarement séparés, les bébés ne pleurent à peu près pas.

Il semble que nous ayons nous-mêmes engendré les enfants à coliques. Pourquoi, alors, n'y a-t-il pas plus de bébés qui en soufrent ? Les chercheurs ont élaboré l'hypothèse selon laquelle parmi les bébés, qui ont tous un besoin continuel de contacts chaleureux venant d'une personne qui en prend soin et qui réagit promptement à leur appel, certains sont simplement plus résolus que d'autres à obtenir que l'on subvienne à ce besoin.

Quel que soit le tempérament naturel du bébé, ceux qui sont élevés selon les principes de l'attachement risquent beaucoup moins d'entrer dans la catégorie des enfants à coliques. Voici pourquoi. On a associé les coliques à des problèmes de digestion, et les bébés qui mangent et passent le gros de leur temps dans la position debout (les bébés portés) risquent moins d'avoir des gaz que les autres, qui sont généralement nourris en position allongée ou semi-allongée. De plus, les bébés nourris au sein ont beaucoup moins de problèmes de digestion que les bébés nourris au biberon. Des études ont démontré que le fait de porter bébé ventre contre ventre aidait en fait les estomacs des bébés à mieux réagir — comme si l'estomac du parent montrait quoi faire à celui du bébé !

Le seul fait de pleurer suffit pour que bébé avale de l'air, ce qui est une autre grande cause de formation des gaz. Les bébés qui sont immédiatement réconfortés — avant qu'ils ne perdent le contrôle — risquent par conséquent d'avoir moins de ces gaz douloureux.

Se pourrait-il que le fait de réagir immédiatement aux pleurs du bébé soit la solution au problème des coliques ? Les mamans d'un groupe de mères auquel je m'étais jointe se lamentaient des nombreuses heures qu'elles passaient à arpenter le plancher avec leurs bébés souffrant de coliques. Une de mes amies, elle aussi adepte de l'attachement, demanda à ces mamans combien de temps elles attendaient avant d'aller chercher leur bébé quand ceux-ci commençaient à pleurer. Toutes admirent qu'elles attendaient plusieurs minutes dans l'espoir qu'il se calme. Mon amie leur suggéra avec tact d'aller chercher leur bébé dès le premier gémissement, juste pour voir si cela changerait quelque chose.

Et les choses changèrent ! Les mamans qui se mirent à aller chercher immédiatement leur bébé se rendirent compte qu'elles arrivaient à empêcher que les larmes se transforment en cris et en gémissements, jusqu'à atteindre ce point de non-retour qui les tourmentait depuis des semaines.

On pourrait en conclure que certains bébés tolèrent moins que d'autres l'indifférence de leurs proches. Une fois que les bébés dépassent leur seuil de tolérance, si on ne s'occupe pas bien d'eux, ils entrent dans de tels états de rage qu'il leur devient presque impossible de s'arrêter, même une fois que quelqu'un vient s'occuper d'eux. Or, les bébés à coliques peuvent très bien atteindre ce seuil de tolérance en moins d'une minute !

67.

Si vous n'arrivez plus à vous occuper de bébé la nuit, laissez faire papa

Beaucoup, beaucoup de parents trouvent qu'en dormant avec bébé, ils arrivent à faire leur travail de parent la nuit comme le jour, et de façon paisible, facile, merveilleuse. Certains d'entre eux, toutefois, sont rebutés par la fréquence et la persistance enthousiaste avec laquelle bébé veut boire au cours de la nuit.

La plupart des bébés boiront pendant la nuit si on leur en offre la possibilité, et plusieurs de ces tétées ne dérangent pas vraiment le sommeil des adultes. (Voir le Conseil n° 31 pour comprendre comment fonctionne le synchronisme des cycles de sommeil.) Pourtant, quelques bébés, même âgés de plus d'un an, continuent à fréquenter le sein de maman sans arrêt tout au long de la nuit. Certaines mamans ne s'en font pas trop avec cela, sachant qu'il s'agira bientôt d'un lointain souvenir, mais d'autres sont tentées de jeter l'éponge et de mettre fin à toute cette organisation de partage du lit.

Si vous vous reconnaissez dans ce deuxième groupe et si bébé a plus de six mois, essayez de laisser papa briser cette habitude du bébé d'exiger un rythme excessif de tétées nocturnes. Dans le magazine *Parents*, on racontait une histoire vraiment sympathique au sujet d'une famille où il devenait difficile de partager les nuits parce que bébé passait son temps à boire. L'enfant de huit mois en était venu à associer le sommeil aux tétées et ne pouvait s'endormir qu'au sein. Malheureusement, cet enfant avait un sommeil très léger, tout comme ses parents.

Étant réveillés toutes les heures pendant plusieurs semaines de suite, les parents manquaient de sommeil et durent changer leur organisation, mais ils étaient absolument contre le principe de laisser bébé pleurer seul dans son lit. Au lieu de cela, ils laissèrent papa et bébé dormir ensemble, sans maman, pendant un certain temps. Dès que bébé se réveillait, papa le réconfortait pour lui faire retrouver le sommeil — sans grand succès les premières nuits, mais en réussissant de mieux en mieux par la suite. Cette stratégie permit de briser l'habitude que le bébé avait prise de boire pour s'endormir, tout en lui permettant de continuer à se sentir aimé et valorisé.

Le bébé commença à manger du solide avec beaucoup plus d'appétit, et après quelque temps il fit ses nuits. Voici ce qu'écrivait le père.

> Je me suis aperçu que j'adorais dormir avec mon fils. Quand je me glissais doucement à ses côtés, déplaçant ses petits pieds qui avaient envahi mon côté du lit, je sentais mon cœur de père se serrer. Son petit visage semblait si confiant, un souffle doux s'exhalait de sa bouche parfaite, ses paupières palpitaient au rythme de ses rêves. Parfois il m'empoignait avec une main, s'accrochant aux poils de mon avant-bras, comme pour s'assurer dans son sommeil que j'étais bel et bien là. Je l'embrassais sur le front, et ensuite nous nous endormions ensemble, nez à nez, orteils à poitrine. Soudain, je découvrais l'extraordinaire intimité que ma femme avait connue en l'allaitant.

Quelle expérience remarquable et engageante pour les pères et les bébés ! Le docteur William Sears donne plus de détails sur le rôle du père dans ses deux excellents livres, *The Baby Book* et *Nighttime Parenting*.

Le bébé dont il était question dans l'article avait très bien réagi quand on avait mis abruptement fin à ses tétées nocturnes, mais une autre approche me paraît encore plus efficace. Dans *Solve Your Child's Sleep Problems,* le docteur Richard Ferber expose les grandes lignes d'un programme pour réduire graduellement l'allaitement nocturne de façon que l'enfant ne ressente pas la faim (étant donné qu'il est habitué à consommer beaucoup de calories pendant la nuit). L'idée consiste à nourrir bébé seulement une fois toutes les deux heures la première nuit, une fois toutes les deux heures et demie la deuxième nuit, une fois toutes les trois heures la troisième nuit, et ainsi de suite jusqu'à ce que bébé s'habitue à ne pas boire la nuit. (En général, je ne recommande pas le régime du docteur Ferber, étant donné que son livre vise à laisser bébé seul toute la nuit, ce qui n'est pas du tout le but poursuivi ici.)

Je suggère donc une combinaison des deux solutions précédentes, bébé diminuant graduellement ses tétées nocturnes, maman retournant l'allaiter aux intervalles appropriés (seulement si bébé s'est réveillé), et papa dormant avec bébé et s'appliquant à le réconforter entre-temps si nécessaire. Au bout d'environ une semaine, vraisemblablement, bébé et papa dormiront paisiblement ensemble tout au long de la nuit, et à ce moment-là, maman pourra revenir pour de bon dans le lit familial.

68. Aidez bébé à se muscler en fonction des jalons de son développement

Certains parents craignent que leurs bébés ne franchissent en retard les étapes de développement normales, comme s'asseoir, ramper et marcher, s'ils passent trop de temps dans les bras de leurs parents. Les recherches ont prouvé tout le contraire. Les bébés qui sont portés la plupart du temps (dans les bras ou sur le corps) s'assoient, se tiennent debout et marchent plus tôt que les bébés dont ce n'est pas le cas.

Une fois de plus, on dirait que la nature a trouvé la meilleure solution. Les muscles que développent les bébés quand ils enfourchent un adulte actif sont exactement ceux dont ils auront besoin pour s'asseoir, se tenir debout et marcher. Le fait de se tenir la tête droite aide bébé à développer l'équilibre nécessaire à ces activités, et la position étirée du cou et du dos ainsi que la position fléchie de ses hanches, tout cela contribue précisément à renforcer les muscles des régions requises.

Le contraste est très prononcé chez le bébé qu'on laisse battre l'air dans l'un ou l'autre des contient-bébé. Tout seul, bébé ne peut bouger que de façon aléatoire, ce qui fait très peu pour son développement. À un certain moment, grâce à beaucoup d'essais et d'erreurs, il arrive à comprendre comment s'asseoir et marcher, mais pas aussi graduellement et naturellement que son vis-à-vis qui a été porté.

Voici ce que dit le docteur T. Berry Brazelton : « Quand j'étudiais les modes d'éducation des Indiens en observant les Mayas du sud du Mexique, je me disais que notre société devrait vraiment réhabiliter au moins deux coutumes qui ont été perdues : les mères qui s'autorisent une intimité physique et continue avec leurs bébés et les jeunes parents qui bénéficient de l'appui de la famille étendue. »

Il n'est pas facile pour un couple de porter bébé tout le temps, surtout quand un des deux parents porte seul tout le fardeau sur ses épaules. Voilà pourquoi les bandoulières sont essentielles et la famille étendue si importante, même s'il s'agit d'une famille que vous créez avec vos amis, vos voisins ou des aides rémunérées. Les jours où vous avez un peu de ressentiment à cause du poids de votre petit bout de chou, essayez de garder à l'esprit l'ensemble de la situation. Cette étape ne durera pas toujours, au contraire du plaisir qu'il y a à élever une personne sûre d'elle, chaleureuse et bien équilibrée !

69. Éteignez la télé

Alors qu'il y a plusieurs bonnes émissions de télévision éducatives pour les enfants plus âgés, les bébés en bas de deux ans n'en retirent rien de bon. La télévision peut sembler un moyen idéal de montrer à bébé les rudiments du langage, mais les études ont démontré que les bébés n'entendent pas de la même façon les mots qui sortent d'un téléviseur et ceux qui sont prononcés par une personne en chair et en os. Les bébés ont besoin d'une interaction humaine pour arriver à distinguer et à séparer les mots les uns des autres. La télévision sonne comme un bruit de fond à l'oreille d'un bébé et peut même lui nuire pour bien entendre un véritable dialogue humain. Au point de vue visuel, il faut la profondeur et le mouvement des objets en trois dimensions pour stimuler la curiosité des bébés et les aider à apprendre. D'ailleurs, la plupart des bébés ne montrent aucun intérêt pour le téléviseur. Éteignez-le et amusez-vous avec votre bébé qui ne cessera jamais de s'étonner ni de vous étonner !

70.
Aidez bébé à apprendre à parler

Avant que la langue de votre bébé et les muscles de sa bouche puissent bouger suffisamment pour produire des sons reconnaissables, l'enfant comprend déjà le sens de plusieurs mots, surtout si vous lui avez parlé régulièrement depuis sa naissance. Vous pouvez établir un mode de communication impressionnant avec votre enfant avant qu'il ne commence à parler, en posant des questions auxquelles il peut répondre en hochant la tête ou en pointant du doigt. Pour commencer, les questions en *où* sont excellentes, comme « Où est le nez de maman ? » Tucker arrivait à bien identifier les nez de maman et de papa avant même que nous réussissions à le convaincre de pointer maman et papa eux-mêmes, sans doute parce que le jeu des nez l'amusait plus !

Les bébés sont ravis de s'apercevoir que l'on comprend leurs tentatives de communication. Le plaisir qu'aura votre bébé à parler dépendra en partie de vos encouragements quant à ses tentatives précoces.

Vous avez probablement déjà rencontré quelqu'un à qui vous parliez et qui hochait de la tête poliment tout en n'écoutant pas un mot de ce que vous disiez. Cette réaction vous encourage-t-elle à continuer à parler ? Ne préférez-vous pas parler à une personne suspendue à vos lèvres ? Les bébés sont comme vous. Si vous regardez votre bébé intensément et que vous vous efforcez de comprendre les mots que votre petit orateur prononce, vous serez vite récompensée, car ses tentatives de communication seront beaucoup plus fréquentes et vous pourrez bavarder plus tôt avec bébé.

Votre bébé prononcera sans doute ses mots de façon incomplète ou incorrecte avant de les maîtriser. Ne le corrigez pas sinon il pourrait penser qu'il vous déplaît et risque d'interrompre ses tentatives. Il vaut mieux simplement lui laisser savoir gentiment que vous comprenez, et ensuite lui répéter joyeusement et correctement le mot en question. Par exemple, bébé dit « calar » en jouant dans la baignoire et vous répliquez « Oui, c'est ton canard ! Voici ton canard ! Qu'est-ce que dit un canard ? » Bébé voit que vous êtes contente qu'il ait trouvé le nom du canard et en plus il l'entend prononcé correctement quelques fois de plus, et dans des contextes différents. Ce qui compte le plus pour bébé est qu'il se rende compte que vous le comprenez et que vous êtes emballée par sa réussite, telle quelle.

Laissez bébé prendre l'initiative. Cela peut vous sembler frustrant que ses premiers mots soient des expressions comme *kouak-kouak*, *hu-ho*, et *boum !*, mais cela n'est pas rare. Les bébés reproduisent les sons qui leur semblent amusants. Ne vous inquiétez pas si bébé tarde à apprendre des mots plus pratiques et qu'il consacre autant de temps à des mots aussi idiots ! Au contraire, bébé aura plus envie d'enrichir son vocabulaire s'il a du plaisir avec les premiers mots qu'il a choisi de dire.

Les pronoms entraînent infiniment de confusion chez les bébés qui arrivent tout juste à nommer les choses. Maman est parfois « maman », mais en d'autres occasions, elle est aussi « je » et quelquefois « moi » et quelquefois « elle » ou « la », et même « tu » quand papa lui parle, alors il faudra à bébé beaucoup plus de temps pour désigner cette charmante personne qu'est maman. Peut-être aurez-vous l'impression d'avoir l'air stupide, mais vous lui rendrez les choses plus faciles si vous utilisez toujours des noms quand vous parlez à votre bébé. « Maman va donner un bain à Nathalie maintenant » ; voilà qui permet à bébé de comprendre plus facilement que si vous lui dites : « Je vais te donner un bain. »

Vous pouvez faire le tour de la maison avec bébé pour voir quels objets l'intéressent le plus. En lui disant souvent quel est le nom de ces objets, il intégrera probablement ces mots assez tôt dans son vocabulaire. Une fois qu'il connaît quelques termes, encouragez-le à les dire aux autres. Peut-être devrez-vous servir d'interprète pour que les gens reconnaissent sa version particulière des mots, mais arrangez-vous pour que ceux et celles qui en prennent soin connaissent son jargon, sinon il risque d'être excessivement déçu de voir que, soudain, il n'arrive pas à se faire comprendre.

71.
Apprenez à saisir ce que bébé tente de vous dire

Les bébés sont capables des mêmes émotions que les adultes. Ils aiment et détestent aussi intensément que nous. Cependant, les bébés ont tellement moins d'emprise sur ce qui les entoure. Aussi, bien des pleurs de bébé constituent une tentative pour vous demander de faire quelque chose pour eux. Si vous sortez de la chambre et que bébé veut sortir avec vous, il ne peut pas vous le dire, il ne peut que crier jusqu'à ce que vous compreniez et que vous reveniez le chercher. Si vous rencontrez par hasard une amie qui tend les bras à votre bébé, celui-ci ne peut pas vous dire : « Je ne veux pas être dans les bras de cette personne », alors il pleure dans l'espoir que vous le sortiez de là.

Essayez le plus souvent possible de savoir ce que votre bébé tente de vous dire *avant* qu'il ne sente le besoin de pleurer. Quand vous vous apprêtez à quitter la pièce, faites-le savoir au bébé. Peut-être lèvera-t-il les bras en l'air pour vous dire que lui aussi veut s'en aller, et vous lui éviterez alors une situation où il devra pleurer. Avant de passer le bébé à votre amie, jetez un coup d'œil pour voir si bébé apprécie la nouvelle venue. Vous arriverez probablement à voir, seulement à son expression, que bébé n'a pas envie de changer de bras.

Les bébés comprennent le langage bien avant d'être capables de faire les mouvements de la bouche et de la langue nécessaires pour prononcer les mots de façon intelligible. Pour avoir une idée réaliste de la somme de vocabulaire que votre bébé connaît, demandez-vous combien de mots il peut saisir parmi tous ceux que vous dites, puis multipliez par deux. Il est frustrant pour le petit de vous comprendre sans avoir la possibilité de *se faire* comprendre. Linda Acredolo et Susan Goodwyn nous rappellent : « Les adultes et les enfants se sentent mieux dans la vie quand ils arrivent à bien communiquer avec ceux qui les entourent. En fait, pour les tout-petits, qui sont sans défense, cela compte peut-être même encore plus. » Leur livre, *Baby Signs,* aide les parents à mettre au point un langage gestuel personnalisé pour communiquer avec leurs bébés avant que ceux-ci ne parlent. Tucker et moi avons fait appel à plusieurs de ces gestes pleins d'éloquence avant de commencer à converser pour vrai. C'est utile et très amusant en plus !

72.

Sortez au restaurant avec bébé

Si vous tenez compte des besoins du bébé, il ne sera pas difficile de sortir au restaurant avec lui et il appréciera même, probablement, le changement de décor. Quand bébé est encore un nourrisson, il se peut qu'il s'endorme en chemin, dans l'auto. Si c'est le cas et que son siège d'auto est du genre qui se détache pour devenir un porte-bébé, emmenez votre bébé endormi dans le restaurant. Bien des restos ont des supports pour les porte-bébés ; autrement, vous pouvez utiliser une chaise haute que vous tournez à l'envers pour y placer le porte-bébé. Apportez également votre bandoulière, au cas où l'enfant se réveillerait. Vous serez surprise de constater à quel point certains bébés arrivent à dormir dans le bruit. La plupart du temps, c'est un changement brusque dans le niveau du bruit qui fait sursauter bébé et le réveille.

S'il s'éveille en se plaignant, transférez-le dans la bandoulière et nourrissez-le tout en mangeant vous-même. Si vous êtes déjà habituée à la bandoulière, vous ferez cela tout à fait discrètement et sans vous empêcher de manger, bien que je recommande de vous tenir loin des soupes et des boissons chaudes. Un jour, mon amie Catherine mangeait avec son fils Antoine et l'allaitait dans sa bandoulière. Il était si bien installé qu'il ne se plaignit même pas du petit pois qui tomba de la fourchette de sa maman pour se retrouver directement dans son oreille minuscule, ce qui exigea plus tard une délicate intervention. Si bébé se met à geindre, vous pourrez l'apaiser en faisant avec lui une promenade autour du restaurant ou dans le parking. Tenez-vous quand même prête à plier bagage et à rentrer chez vous si le besoin s'en fait sentir.

Si vous avez habitué bébé à sortir, il sera à l'aise dans les restaurants quand il sera plus grand. Bien des bébés plus âgés aiment s'asseoir dans une chaise haute au restaurant, plus que de s'asseoir dans une chaise haute chez vous, à cause de toutes les choses que le nouvel environnement leur offre à voir. Apportez des aliments nutritifs comme des céréales ou de petits morceaux de fromage, de poulet, de boulettes de viande, de carottes cuites ou de haricots verts. Traînez toujours des serviettes pré-imbibées à l'antiseptique pour essuyer la chaise haute.

La plupart des bébés jettent la vaisselle par terre, alors placez la nourriture de bébé directement sur le plateau préalablement nettoyé ou sur la table. Ou, encore mieux, demandez qu'on vous apporte de ces napperons jetables disponibles dans bien des restaurants. Ils sont en plastique et adhèrent par conséquent au plateau de la chaise haute ou du dessus de table. Quand le repas sera terminé, vous n'avez qu'à retirer et à jeter le tout. Certains bols qui adhèrent à la table grâce à une bande de caoutchouc constituent également une solution intéressante, mais pour ma part je n'ai jamais obtenu beaucoup de succès avec eux. Soit que Tucker réussissait à les empêcher d'adhérer à la table, soit qu'il consacrait toutes ses énergies à transférer les aliments du bol à la table.

Parmi mes amis, ceux qui sortent au restaurant avec leurs bébés affirment que ceux-ci sont beaucoup plus heureux quand ils peuvent s'asseoir à l'extérieur. Bien sûr, cela n'est pas toujours possible, mais le fait de vous asseoir près d'une fenêtre peut également les distraire. Si vous mangez sur une terrasse le soir, assurez-vous que bébé est assez vêtu pour supporter une éventuelle chute de température, et protégez-le contre les insectes en l'enduisant à cet effet d'une crème ou d'une huile conçue pour un enfant de son âge.

Si votre bébé a la bougeotte, ne le mettez pas dans une chaise haute tant que son repas ne lui a pas été servi. Avec Tucker, nous nous assoyons sur un siège et nous le laissons aller et venir, danser et marcher sur la banquette en attendant que le repas soit servi. Vous pouvez même téléphoner à certains restaurants avant de partir de chez vous pour commander le repas, afin que ce temps d'attente soit un peu moins long à votre arrivée. Si bébé est assez grand pour commander une portion d'enfant, demandez aux serveurs de vous l'apporter avant le reste du repas.

73. Bouquinez avec bébé

Les parents se sentent souvent ridicules de lire une histoire à un tout petit bébé, alors je vous suggère simplement de feuilleter régulièrement des livres avec votre enfant. Si vous vous assoyez assez souvent avec votre bébé et un livre, vous vous apercevrez que bébé vous fait savoir à quoi il est prêt et vous serez surprise de constater à quel point cela change vite !

Les livres constituent le moyen idéal d'enseigner aux bébés le nom des choses. Vous pouvez commencer par de simples livres cartonnés qui n'ont qu'une seule image et un seul mot par page, ou vous pouvez utiliser n'importe quel livre d'enfant dont les illustrations sont grosses et reconnaissables, afin de pointer des objets que vous nommerez à votre bébé. Celui-ci apprendra les mots plus facilement si vous lui montrez un objet dans le livre et dans la réalité, à la condition, bien sûr, de disposer de cet objet autour de vous. Par exemple, montrez-lui le ballon dans le livre en disant « ballon » et ensuite pointez le ballon qui traîne sur le plancher et dites « ballon ». Les bébés aiment naturellement nommer les objets, de sorte que vous pourriez être surprise de voir comme bébé arrive rapidement à vous « lire » ses livres.

Cependant, en feuilletant les pages, ne vous contentez pas de *nommer* les objets. Commencez à lire des petites histoires à votre bébé dès que vous sentez qu'il maintient son intérêt pendant quelques pages. Ne vous offusquez pas s'il faut recommencer souvent, un jour il vous laissera finir votre histoire. Laissez-lui toujours déterminer combien de temps la séance de lecture va durer. Si vous pointez le texte du doigt tout en lisant, il comprendra à un certain moment que les lignes noires et ondulées du livre racontent une histoire. Cette idée l'aidera à avoir envie d'apprendre à lire quand le temps sera venu.

Assurez-vous que le moment de la lecture est toujours agréable. Quand votre bébé sera assez vieux pour avoir des préférences, choisissez des livres qui correspondent à ses intérêts. S'il est fasciné par le chat du voisin, prenez un livre qui parle de chats et agrémentez votre lecture d'un tas de miaous et de ronrons. Quel que soit le livre, exagérez les accents de votre voix et faites des bruits étranges dès que vous le pouvez. Votre enthousiasme stimulera le sien. Quand ce que vous lui lisez le fait rire, riez avec lui. Si vous arrivez à rire ensemble de façon authentique (faire semblant ne sert à rien), non seulement vous vous rapprocherez de lui, mais vous mettrez également en place les conditions nécessaires pour qu'il aime lire plus tard.

74.
Aidez bébé à relâcher les tensions refoulées

Bien sûr on ne devrait jamais laisser les enfants pleurer tout seuls dans leur coin, mais pleurer et rager peut comporter des bienfaits si vous donnez à l'enfant le soutien moral approprié. Dans son livre innovateur, *Tears and Tantrums,* le docteur Aletha J. Solter offre de très précieux conseils sur ce qu'il faut faire quand les bébés et les enfants pleurent. Elle suggère aux parents de ne pas toujours chercher de solutions pour empêcher les enfants de pleurer. Au lieu de cela, les parents devraient plutôt laisser simplement l'enfant s'apercevoir que ses sentiments lui appartiennent et qu'il peut les exprimer pleinement.

Bien sûr, devant une situation de cris et de pleurs, on doit d'abord s'assurer que bébé a tout ce qu'il lui faut. Toutefois, quand ses exigences ne sont vraiment pas raisonnables, il est temps de se demander s'il n'a pas besoin uniquement de relâcher ses émotions contenues. Les bébés et les bambins ressentent énormément de stress à s'adapter aux nouvelles circonstances et aux habiletés naissantes. Les cris de rage et les pleurs sont les uniques mécanismes dont ils disposent pour relâcher ce stress. Quand un parent évite sans cesse que l'enfant ne crie ou ne se fâche, soit en répondant à toutes ses exigences même les moins raisonnables, soit en ignorant l'enfant (ce qui le punit), l'enfant présume que ses émotions sont injustifiées et il risque de les supprimer pour plaire au parent. Cela semble sans doute pratique d'avoir un enfant qui pleure moins, mais l'accumulation de tensions refoulées le rendra bientôt plus plaintif, irritable et même malade.

Il est très fréquent que des parents bien intentionnés tentent d'empêcher leurs bébés de pleurer. On a suivi ce modèle de génération en génération. Voici ce que le docteur Solter recommande, si vous craignez de réprimer cette saine mécanique permettant à votre enfant de relâcher son stress.

1. Prenez dans vos bras votre bébé en larmes, asseyez-vous dans une chaise confortable et regardez-le en face. Si ses yeux sont ouverts, regardez-le dans les yeux. Sentez son énergie et sa force vitale. Tenez-le calmement, sans le faire sauter ni le secouer.
2. Prenez quelques bonnes respirations et essayez de vous détendre. Soyez consciente de l'amour que vous avez pour votre bébé.
3. Parlez-lui. Dites-lui : « Je t'aime. Je t'écoute. Tu es en sécurité avec moi. Je vais rester avec toi. Tu peux pleurer. » Vous pouvez également essayer de comprendre ce qui le fait pleurer en disant tout haut ce qui vous passe par la tête : « T'as eu une grosse journée, hein ? Peut-être qu'on en a trop fait aujourd'hui. » Dites-lui que vous savez combien c'est difficile d'être un bébé. Laissez-lui savoir que vous voulez l'aider à se sentir mieux.
4. Soyez consciente de vos propres émotions. Si vous avez envie de pleurer avec lui, allez-y. Dites-lui que vous êtes triste.
5. S'il se cambre en s'éloignant de vous ou qu'il ne vous regarde pas, dites-lui : « Regarde-moi je t'en prie. Je suis là. Je veux que tu te sentes bien avec moi. » Touchez doucement ses bras et son visage pour lui faire à nouveau sentir votre présence. Ne soyez pas surprise si cela l'incite à crier encore plus.
6. Restez avec votre bébé et tenez-le amoureusement tant qu'il n'arrête pas spontanément de pleurer.

Quand un parent suit les étapes précédentes, bébé sait qu'il peut pleurer afin de ressentir une émotion ou une autre, et il en tire cette leçon profitable qui lui montre que le fait de relâcher ses émotions fait du bien. Les bébés ont besoin de cette collaboration pour arriver à soulager tout leur stress. La pire chose qu'un parent peut faire quand un bébé pleure est de dire « ne pleure pas », ou toute autre expression qui nie ses sentiments ou fait en sorte que ceux-ci paraissent déplacés dans l'esprit du bébé. On ne devrait jamais considérer les cris et les larmes comme une mauvaise conduite. Même si la raison de l'explosion vous semble totalement irrationnelle, la douleur affective de l'enfant est réelle et résulte probablement d'incidents précédents. N'avez-vous jamais vécu une journée où les tensions accumulées ont fini par éclater à l'occasion d'un problème qui semblait tout à fait banal ?

Les parents soupçonnent souvent leurs enfants de se mettre à pleurer pour les manipuler. Ils s'empêchent ainsi de réagir avec amour parce qu'ils ne veulent pas encourager d'autres éclats. Selon le docteur Solter, il est impossible pour un enfant de pleurer sur commande — à moins qu'il ait gardé en réserve des tensions qu'il lui faut relâcher. Le docteur Solter fait un parallèle entre pleurer et déféquer. Personne n'a jamais reproché à un enfant de déféquer juste pour attirer l'attention, et personne ne présume qu'en le laissant déféquer l'enfant sera porté d'une façon ou d'une autre à répéter plus souvent cet acte. Les petits font cela exactement aussi souvent qu'ils en ont besoin, et les pleurs fonctionnent de la même manière.

Bien des parents se sont aperçus que lorsqu'ils commençaient à offrir à leurs bébés un chaleureux soutien au moment où ceux-ci pleuraient et criaient, les bébés et les bambins devenaient plus affectueux, gentils et joyeux. Les comportements agressifs, geignards, et même les troubles de sommeil peuvent ainsi disparaître ! Certains des traits les moins attachants de votre enfant résulteraient-ils de tensions refoulées et non relâchées ? Essayez la technique du docteur Solter et trouvez la réponse !

75.
Ne reprochez pas à bébé d'être possessif envers vous

Même si bébé accepte dans son entourage plusieurs personnes qui lui sont chères, à l'âge de six ou sept mois il en aura probablement choisi une (habituellement maman) comme compagne désirée entre toutes. L'experte en puériculture Penelope Leach appelle cette relation chez le bébé « la première et sans conteste la plus grande histoire d'amour ». Bébé n'acceptera pas que vous sortiez de son champ de vision et sera malheureux de devoir vous partager avec quiconque.

Leach explique : « Il se sent passionnément attiré par vous, physiquement. Il s'assoira sur vous, jouera avec vous, vous tirera et vous poussera, enfoncera de la nourriture (et autres choses) dans votre bouche, se comportant comme si votre corps lui appartenait. » Ce comportement est normal et sain, et n'indique aucunement que l'enfant deviendra crampon et dépendant. De nombreux experts sont d'accord pour dire que plus ces liens précoces sont solides, plus l'enfant peut devenir indépendant par la suite, car le fait d'avoir confiance dans le monde est une indispensable condition pour fonder la confiance en soi et l'estime de soi.

Si vous gardez cela en tête, vous y trouverez votre compte lorsque votre enfant, par peur de la séparation, traversera des crises d'angoisse qui risquent de vous rendre folle. Pendant ces pires périodes d'angoisse, il vous semblera sans doute parfaitement impossible de faire quoi que ce soit, calmement, toute seule. Souvent, au cours de cette phase, bébé ne se satisfait plus d'être tout bonnement seul à faire ses affaires pendant que vous faites les vôtres dans la même pièce que lui. Bébé veut voir exactement ce que vous faites DE PRÈS et il veut vous AIDER À LE FAIRE.

Il est facile de s'impatienter pendant cette phase de développement, mais si vous arrivez à vous rappeler que cela est transitoire et à garder votre sens de l'humour, vous pourrez même l'apprécier. Combien de fois avons-nous l'occasion d'être l'objet d'une aussi totale adoration ?

Il vaut tellement mieux pour bébé que vous acceptiez et que vous vous délectiez avec lui de cette intense dévotion. Si vous ignorez ses cris quand il veut être avec vous, vous lui enverrez immanquablement un message blessant, et cela ne vous aidera pas à solutionner le problème, car il aura de plus en plus peur de perdre votre amour. Plus il ressentira d'angoisse, plus il se cramponnera à vous.

N'essayez pas non plus de vous échapper en catimini. Même s'il semble totalement captivé pendant qu'il vide votre tiroir à sous-vêtements et qu'il le remplit ensuite consciencieusement, résistez à l'envie de sortir sur la pointe des pieds pour aller dans la pièce d'à côté changer en vitesse le poste de radio. Il sera furieux quand il découvrira que vous l'avez abandonné, et ensuite il s'occupera de moins en moins tout seul parce qu'il saura qu'il doit tout le temps vous garder à l'œil.

Emmenez-le avec vous partout où vous le pouvez, et quand vous le laissez, dites-lui un petit mot familier pour lui faire savoir ce qui se passe. Dites quelque chose comme « Je reviens tout de suite ! », quand cela est vrai, et « Je te revois bientôt ! », quand vous vous absentez plus longtemps. Si vous devez effectivement le laisser avec quelqu'un d'autre, assurez-vous qu'il s'agit d'une personne à laquelle il est également attaché. Une connaissance avec qui bébé n'a pas encore eu l'occasion de tisser des liens n'est pas une gardienne appropriée. C'est encore pire de demander à un inconnu. C'est simple, l'enfant ne peut pas s'empêcher de se sentir

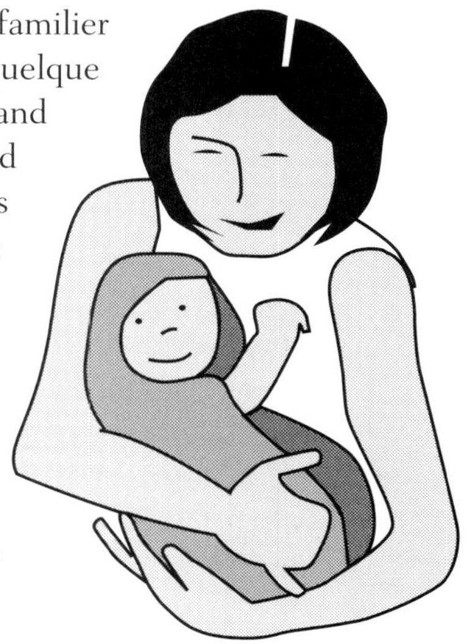

trahi dans une telle situation, même si vous connaissez très bien la personne et qu'elle a toute votre confiance.

Bien que ce phénomène soit très difficile à vivre, la peur de la séparation est tout à fait normale et saine, et les sentiments de votre bébé sont tout à fait réels et légitimes. Voici ce que dit Leach : « C'est pour la vie que le bébé se pratique à aimer. Plus il peut aimer maintenant et se sentir aimé en retour, plus il sera en mesure de donner de l'amour et d'en recevoir, sous toutes ses formes et tout au long de sa vie. »

76.
Tenez les inconnus à distance

Dans des circonstances favorables, votre bébé peut très bien ne faire preuve d'aucune peur des inconnus. Les circonstances favorables, c'est entre autres que vous n'essayez même pas d'offrir à un inconnu de prendre bébé dans ses bras, de laisser bébé avec un inconnu ou de forcer bébé à embrasser ou à enlacer un inconnu. Si tous les inconnus gardent leurs distances, il se peut même que bébé leur sourie, leur fasse des façons et recherche leur présence.

Les bébés ont peur quand les gens oublient de les traiter avec les mêmes égards que les adultes. Aimeriez-vous que des inconnus de toutes tailles et de toutes grosseurs vous attrapent et vous embrassent tandis que votre mari reste là à sourire et à les encourager ? Penelope Reach affirme : « Nous aimons connaître les gens avant d'accepter de nous en approcher de trop près et de recevoir des marques d'affection de leur part ; les bébés sont pareils et ils méritent qu'on les protège de ceux et celles qui essaient de les traiter comme des petits animaux de compagnie. »

Les mamans oublient souvent qu'il y a une différence entre elles et leurs bébés. (Tucker et moi avons passé tant de temps collés ensemble que je pense souvent à lui comme étant la plus belle partie de mon corps.) Nous pensons que si nous reconnaissons et aimons quelqu'un, bébé devrait en faire autant. Or, à moins que bébé n'ait passé du temps avec tante Hélène, celle-ci peut aussi bien venir de la planète Mars.

Si vous voulez que votre bébé accepte quelqu'un de nouveau dans son entourage, donnez-lui le temps. Laissez bébé voir à quel point vous appréciez cette personne et comme vous êtes à l'aise en sa compagnie. Demandez à la personne de garder ses distances en parlant et en s'amusant avec bébé et laissez bébé s'approcher quand il sera prêt. En allant à son rythme, vous inciterez le bébé à aimer plus rapidement le visiteur que si vous forcez les choses. Leach soutient :

> La peur d'être séparé de vous et la peur d'être avec des gens qui ne sont ni vous ni des amis connus sont des peurs réelles. Comme toutes les autres peurs, elles s'atténueront plus vite chez les bébés qui ont le moins de raisons de les ressentir. Pour le moment, l'amour que bébé vous porte est trop récent pour qu'il vous considère comme allant de soi. Si vous lui faites traverser cette période intense où il a peur d'être séparé — période souvent chargée d'angoisse — en lui témoignant en retour une adoration protectrice et solide, il finira par voir qu'il peut toujours compter sur votre amour. Ce n'est qu'en étant totalement comblé par votre présence qu'il sera prêt à rencontrer d'autres adultes et d'autres enfants. Il faut qu'une solide confiance se soit installée dans les relations qu'il a avec les gens de sa famille pour qu'en vieillissant, il soit libre et prêt à se tourner vers les autres.

77. Évitez les situations qui font peur au bébé

Il est probable que bébé pleurera beaucoup moins entre six mois et un an qu'il ne l'a fait jusqu'ici et cela, pour différentes raisons. Au cours de cette période, les cris et les larmes de bébé seront probablement reliés plutôt à des frustrations ou à des peurs, et les choses qui le terrorisent pourront vous sembler totalement irrationnelles. Le séchoir à cheveux, l'aspirateur et le lave-vaisselle peuvent très bien n'avoir aucun effet sur lui, et soudain le son de votre brosse à dents électrique déclenche des cris de terreurs. Peut-être adore-t-il la baignoire et la piscine, et s'amuse-t-il à mettre ses mains dans votre verre d'eau, mais il devient hystérique si vous essayez de lui laver les mains sous le robinet de la cuisine.

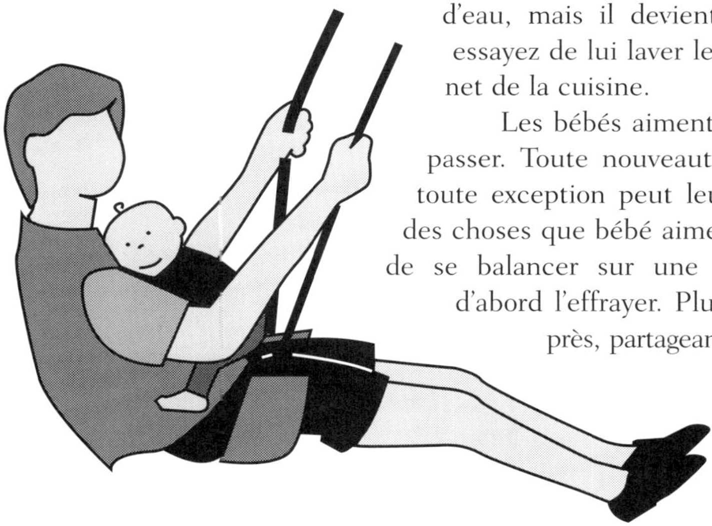

Les bébés aiment prévoir ce qui va se passer. Toute nouveauté dans leur routine, toute exception peut leur faire peur. Même des choses que bébé aimera plus tard, comme de se balancer sur une balançoire, peuvent d'abord l'effrayer. Plus vous serez là, tout près, partageant avec lui ces nouvelles expériences, plus il pourra les accepter facilement et les apprécier. Par exemple, vous pourriez essayer de vous balancer avec lui dans une balançoire pour adultes.

Même si vous n'arrivez pas à comprendre ce qui provoque les craintes de bébé, il est important que vous les respectiez. Après tout, la plupart d'entre nous avons aussi quelques-unes de ces peurs irrationnelles. Plus vous éviterez à bébé les choses qui lui font peur, mieux ce sera. N'en faites pas tout un plat — protégez-le tout simplement et réconfortez-le quand il a peur, et respectez assez cette peur pour lui éviter de la ressentir à nouveau. Vouloir que bébé affronte ses hantises et les assume aura l'effet contraire et intensifiera son angoisse. Moins souvent le bébé a peur, plus vite ces peurs disparaîtront.

78. N'écoutez pas cette vieille rengaine : « Pleurer, c'est bon pour ses poumons »

Pour dire les choses crûment, disons que votre belle-mère a tort. Laisser bébé pleurer tout seul n'est pas bon pour ses poumons ni pour aucune autre partie de sa personne. Votre manque d'attention le poussera à pleurer beaucoup plus qu'il ne le faut. Les larmes inutiles demandent énormément d'énergie et gaspillent de précieuses calories. Elles submergent son sang d'hormones de stress. Ses intestins se contractent. Sa respiration devient laborieuse et irrégulière. Son cœur bat la chamade. Ses membres se raidissent et ses petits muscles faciaux se crispent douloureusement.

De plus, le sommeil du bébé est perturbé quand on le laisse pleurer trop longtemps sans s'occuper de lui, car cela pousse l'enfant exténué à tomber dans un sommeil profond et malsain. Cela enlève la possibilité à bébé de passer des moments agréables à connaître le monde qui l'entoure. En outre, comme nous l'avons dit précédemment, cela peut provoquer le malheureux sentiment de n'avoir pas de valeur ainsi qu'une foule d'autres malaises psychologiques.

Voici ce que dit Sharon Heller, psychologue spécialisée en développement : « Pour considérer qu'il est normal que les bébés pleurent longtemps, il faudrait que cela réponde à au moins deux critères : être une caractéristique universelle chez les bébés, ce qui n'est pas le cas, et servir une fonction importante pour la survie, ce qui n'est pas non plus le cas. »

Laisser un bébé pleurer sans s'occuper de lui ne donne rien de bon. Une mère qui prend l'habitude d'ignorer les pleurs de son bébé, ne seraitce que pendant de brèves périodes — risque de devenir tellement déconnectée qu'elle ne se rendra plus compte que son bébé a une douleur ou présente les signes d'une maladie et, de ce fait, elle négligera les besoins médicaux de celui-ci.

Écouter un bébé qui pleure tape tellement sur les nerfs que cela peut même pousser un parent à devenir agressif envers le bébé. Et la dernière chose qu'il faut à un bébé qui pleure, c'est un adulte agressif. Les bébés ne sont pas dupes des sourires forcés ou d'un semblant d'affection. Ils naissent avec une sensibilité extrêmement aiguisée pour reconnaître les signes d'hostilité ou d'abandon, surtout chez leurs parents. Cela fait partie de leur constitution, car leur survie dépend de l'amour que les autres leur portent.

79.

Développez l'intelligence de bébé tout en le rendant heureux

La petite enfance ne dure que 2 % de notre vie et pourtant, 80 % de la croissance de notre cerveau survient au cours de nos deux premières années. La croissance du cerveau de bébé est directement proportionnelle à la manière dont celui-ci est stimulé. Toute expérience que vit bébé est une occasion d'apprendre. Les bébés naissent assoiffés de vivre, ils ont un besoin inné d'apprendre le plus possible.

Quand vous intégrez bébé dans votre vie, surtout si vous le portez tout au long de sa petite enfance, pensez à la richesse à laquelle il a accès! Il est vrai que les bébés peuvent être trop stimulés, mais si bébé est confortablement suspendu à votre corps, il s'accroupira et s'endormira dès qu'il en aura assez d'apprendre.

Chaque objet qu'il voit, chaque son qu'il entend, chaque odeur qu'il sent et chaque chose que vous le laissez explorer bombarde son cerveau de neurones qui se prolongent et se développent, créant à leur tour de nouveaux neurones. En offrant à bébé un courant continuel d'influx sensoriels, non seulement vous le rendez plus heureux, mais aussi plus intelligent!

Il est particulièrement facile de stimuler bébé. Inutile d'avoir des jouets particuliers ou des cartes étincelantes, ni rien de plus que ce qui vous arrive normalement dans votre vie quotidienne. Le simple fait de tenir bébé change tout. Des recherches effectuées sur des rats ont démontré qu'il existait une corrélation entre le toucher et le développement du cerveau. Les bébés rats qui sont fréquemment touchés et cajolés deviennent plus intelligents en grandissant que ceux qui ne sont pas touchés.

Chaque instant que passe bébé en votre compagnie est un instant où il est stimulé et devient plus intelligent. Chaque moment qu'il passe seul dans un contient-bébé est une précieuse occasion à jamais perdue.

80. Lâchez les doudous

Les doudous, ce sont ces couvertures, ces animaux en peluche et autres objets que tant d'enfants adoptent sans pouvoir s'en séparer. Plusieurs articles de magazines et certains livres prétendent que l'attachement à une doudou, ou objet de transition, constitue une saine étape en favorisant la rupture de la dépendance envers un parent. Certains recommandent même d'en utiliser une quand ils tentent de montrer à un bébé à dormir seul dans son lit.

Or, des experts d'une autre allégeance affirment au contraire que, bien que ce phénomène soit fréquent, il n'y a rien de bon à être obsédé par un objet inanimé pour y trouver réconfort et sympathie. Les enfants qui perdent leur place dans les bras de leurs parents avant d'y être prêts se rassurent avec n'importe quel objet jouant le rôle des parents.

Au point de vue psychologique, bien sûr, c'est là une piètre consolation. Il semble assez évident que cela forme l'enfant à s'attacher à des choses plutôt qu'à des gens. En grandissant, il risque de rechercher des biens matériels abondants et coûteux pour tenter de remplir le vide laissé en lui par l'éloignement précoce de ses parents. Or, les choses matérielles n'arrivent jamais à remplir ce vide.

Les bébés élevés selon les principes de l'éducation par attachement ne s'attachent pas à des doudous, ils s'attachent à leurs parents. Le docteur William Sears explique : « Le nourrisson habitué à être dans les bras des adultes, sur le sein de sa mère et dans le lit de ses parents ressent de la sécurité et s'épanouit au contact de ceux qui l'entourent. Ce bébé pourra plus aisément devenir un enfant capable d'établir des liens profonds avec ses semblables et, une fois adulte, il sera probablement plus capable d'intimité avec un conjoint. L'enfant qui est souvent abandonné dans des balançoires, des lits à barreaux et des parcs risque de nouer des relations superficielles avec son entourage et d'éprouver de plus en plus un sentiment d'insatisfaction face à un monde matérialiste. »

81. Ne sous-estimez pas la valeur de papa

Le rôle des papas est absolument sous-évalué dans notre société. On a démontré que l'influence d'une relation intime avec papa tout au long de l'enfance est absolument nécessaire pour que les enfants, garçons et filles, s'épanouissent pleinement. Les prisons sont pleines de garçons sans pères qui ont vécu des difficultés en tentant de développer leur virilité sans avoir autour d'eux de modèles intéressants à suivre.

La spécialiste de l'enfance Tine Thevenin affirme que les rôles distincts des deux parents combinés contribuent chacun à donner à l'enfant la meilleure éducation possible. Alors que les mères sont en général nourricières, qu'elles permettent à l'enfant de se sentir en sécurité et apprécié sans condition, les pères encouragent leurs enfants à faire de leur mieux, à dépasser leurs limites et à atteindre leurs buts. Ces deux manières d'être un parent se complètent mutuellement pour créer l'équilibre parfait, alors que trop de l'un ou de l'autre dérègle la balance.

Heureusement, les papas se montrent à la hauteur de la situation ! Selon Michael Lamb, dans son livre *The Role of the Father in Child Development,* des études récentes ont montré que les papas passent aujourd'hui 33 % plus de temps avec leurs enfants qu'il y a 20 ans. Cela veut dire que les hommes consacrent en moyenne deux à trois heures par jour à s'occuper de leurs enfants.

Cependant, la période qui suit immédiatement la naissance d'un bébé peut être difficile pour un papa. Il n'a pas automatiquement les mêmes liens physiologiques qu'une maman avec le nouveau membre de la famille et il risque d'être frustré si maman se préoccupe entièrement de bébé, lui donnant l'impression d'être un pion mis de côté.

Dans son excellent guide, *The Pregnancy Source Book,* Sara Rosenthal écrit : « Nous savons maintenant qu'un grand nombre de nouveaux pères se sentent dépressifs. Comme les femmes, les hommes qui ne sont pas prêts pour un nouveau bébé ou qui ont une faible estime d'eux-mêmes sont plus facilement atteints par la dépression. En plus, les hommes qui ont des conflits latents avec leurs propres pères sont également sujets à des problèmes psychologiques ou à des dépressions quand ils deviennent eux-mêmes pères. »

Il est très sage de consacrer un peu de votre temps à vous assurer que votre mari se sent apprécié pour tous les sacrifices qu'il consent et les efforts qu'il fournit pour vous et le bébé. Plus que tout, résistez à l'envie de vous croire la seule personne capable de bien subvenir aux besoins du bébé. Votre mari a besoin de temps pour développer, à sa manière à lui, un lien avec bébé. Tous deux, lui et bébé, bénéficieront grandement de ces efforts précoces pour créer des liens.

Bien des papas de bébés nourris au sein s'inquiètent de ne pas pouvoir rivaliser pour obtenir l'affection de bébé parce que maman s'est accaparé le marché en le nourrissant. Mais les études ont prouvé que les câlins et d'abondants contacts peau à peau ont un impact beaucoup plus puissant pour créer des liens que l'allaitement lui-même. Lors d'une célèbre expérience menée dans les années cinquante avec des singes rhésus, le chercheur Harry Harlow démontra que pour créer des liens, le toucher était un moyen plus puissant que la nourriture.

Harlow sépara des bébés singes de leurs mères et leur présenta à la place, comme mères de substitution, deux automates qu'il avait construits. L'un de ces automates était fait de tissu éponge chauffé de l'intérieur avec une ampoule ; cette fausse mère était douce et chaude. Sur l'autre mère, fabriquée avec du fil de fer, on avait attaché un biberon où les singes allaient s'alimenter. Les bébés singes n'allaient vers la mère en fil de fer que le temps nécessaire pour se nourrir alors qu'ils passaient jusqu'à 22 heures par jour cramponnés à la mère en tissu-éponge !

Quand on les laissait seuls avec une des deux mères de substitution, tour à tour, les singes montraient certains signes d'attachement pour la mère en tissu-éponge mais aucun pour celle en métal. Ces résultats démontrèrent clairement que la « mère » singe qui *montrait* plus d'attentions était préférée à celle qui donnait la nourriture ! (Ces singes ne s'en sont pas très bien tirés dans la vie, en passant. Ayant été privés de véritables contacts avec un parent vivant, ils devinrent neurasthéniques, asociaux et incapables d'activité sexuelle.)

En touchant affectueusement les bébés, on les prépare à bien vivre — qu'il s'agisse de singes ou d'humains — et les papas sont aussi bien dotés que les mamans pour cela.

82. Ne devenez pas une machine à dire « non »

La plupart des bébés qui rampent et des bambins qui gambadent ont l'habitude de bazarder et de sauter sur tout ce qui leur est interdit dans une pièce. Comme cela est particulièrement exaspérant, essayez de voir cette tendance comme une habitude valable. Votre bébé ne peut vraiment pas s'en empêcher. Si sa curiosité n'était pas aussi aiguisée, il n'apprendrait pas à ce rythme incroyable qui est normal à son âge. De plus, s'il ne s'opposait pas vigoureusement quand vous intervenez pour l'empêcher de faire cet apprentissage, il n'aurait pas la détermination nécessaire pour persister quand il fera face aux petits contretemps que la vie lui ménage.

Il faut de la diligence et de la créativité à un parent pour ne pas devenir une machine à dire « Non ». Quand il faut absolument empêcher bébé de faire quelque chose, il est souvent plus efficace de choisir une autre interjection comme « Stop ! » ou d'appeler bébé par son nom avec le ton de voix approprié, plutôt que de dire le sempiternel « Non ! » Mon amie Juliette détestait entendre toujours les mères essayer de discipliner leur enfant en public, alors elle mit au point un code pour son fils de 18 mois, Christophe. Dès qu'il s'apprêtait à faire des ennuis, Juliette lui lâchait un « Ahhh ! » si aigu qu'il figeait littéralement sur place, le temps qu'elle lui suggère de modifier son comportement.

Quel que soit le mot que vous utiliserez devant l'imminence d'un désastre, distrayez ensuite votre enfant pour éviter de trop le bouleverser. C'est vous qui connaissez le mieux votre bébé, alors gardez en tête une liste des choses qu'il aime. De cette manière vous pourrez toujours détourner son attention vers une activité qu'il apprécie, une chanson ou un jouet. Si Tucker et moi étions quelque part où il y avait un commutateur, je pouvais toujours le distraire et éviter le fameux « non » en disant : « Tucker peut-il allumer la lumière ? » Alors il disait oui avec enthousiasme et levait les bras pour que je lui permette d'atteindre le commutateur, ce qui me permettait ensuite d'acclamer généreusement la manière experte dont il avait fait cela.

Après un an, les bébés reconnaissent un tas de mots, même s'ils ne peuvent pas encore les dire. Le docteur William Sears recommande d'utiliser un même mot pour distraire bébé et pour l'arrêter. Il dit : « En notant dans le journal de bord de Mathieu certains de ses comportements, nous avons remarqué qu'à l'âge de 16 mois, lorsque je lui disais « Vas-y ! », il prenait la bandoulière et courait vers la porte. Nous avons utilisé cette association d'idées pour exercer sur lui la discipline de la distraction : quand nous voyions Mathieu s'apprêter à faire quelque chose de mal, nous disions : « Vas-y ! » Ce signal suffisait pour que son esprit et son corps changent de cap. Nous avons recueilli une liste de ces mots ou expressions qui fonctionnaient dans des circonstances semblables (ballon, chat, vas-y, etc.). Bien sûr, vous devez donner suite et aller marcher ou jouer au ballon ou trouver le chat ; autrement votre enfant cessera de vous faire confiance et vous perdrez un instrument de discipline fort utile. »

Rappelez-vous qu'en utilisant une méthode disciplinaire, votre enfant n'apprendra ce qui lui est interdit et ce qui ne l'est pas que si vous êtes cohérent. Préparez-vous à garder votre cohérence assez longtemps. Avant de développer pleinement les capacités cognitives qui leur permettent de se souvenir des instructions pour pouvoir les suivre, la plupart des bébés doivent atteindre au moins l'âge de deux ans.

83. Sachez quand l'encourager et quand l'aider

Votre bambin sera confronté à de nombreux problèmes en pratiquant toutes ces extraordinaires et nouvelles habiletés qui se développent au cours de son enfance. Il lance un ballon plus loin que prévu et ne sait pas comment le récupérer sous le divan. Il se trouve coincé entre une chaise et un fauteuil. Il veut faire une course de wagon particulièrement difficile autour de l'îlot de la cuisine et dans la chambre familiale, mais il n'y arrive pas et s'impatiente.

Quand un parent aimant assiste à une scène de cet ordre, il est souvent porté à accourir pour aider son enfant. Commencez plutôt par évaluer le problème. Est-ce une situation dont il peut se sortir seul ? Si tel est le cas, essayez de l'encourager verbalement. Peut-être n'a-t-il besoin que d'une petite phrase d'encouragement, comme « Émilie y arrive », pour avoir plus confiance en ses capacités. Ensuite, s'il réussit tout seul à bien surmonter la difficulté, comme il pourra en être fier ! S'il n'y arrive pas, aidez-le par tous les moyens, mais autant que possible de manière qu'il se sente au moins en partie responsable de la réussite de l'opération. Dites : « Maman va aider Émilie » et non « Maman va le faire pour Émilie ».

84.
Sachez soigner les bobos

Quand votre bambin commence à se faire des bobos, vos réactions à ses petites blessures peuvent contribuer énormément à modeler les sentiments qu'il aura envers lui-même, son corps et la manière dont il affrontera les difficultés de la vie. Emboîtez-lui le pas ! Si vous accourez chaque fois qu'il trébuche, la voix et le visage en panique, il se croira fragile et verra le monde comme un lieu menaçant. Si au contraire vous répondez froidement à ses pleurs en lui disant des choses comme : « Oh, ça ne t'a pas fait mal ! » ou « Ne sois pas bébé. Ce n'est pas si terrible », il comprendra que ce qu'il ressent vous est indifférent. Il peut même en venir à penser que ses sentiments vous ennuient et se mettre à les réprimer. Imitant votre comportement, il sera plus tard insensible aux problèmes des autres.

J'adore la description que fait le docteur William Sears de sa femme s'associant aux émotions de l'enfant. Il écrit :

> Au lieu de s'enfermer dans sa mentalité d'adulte, elle adoptait la vision de l'enfant face au problème. Elle commençait par se mettre au diapason de l'enfant et de son état émotif. Si les émotions de l'enfant indiquait un 10 sur l'échelle des bobos, la sympathie de Martha adoptait le 10. Elle faisait appel au plus vieux truc du monde dans les négociations : d'abord, rejoindre les gens là où ils sont, ensuite les emmener là où vous voulez qu'ils aillent. Martha commençait graduellement à atténuer ses démonstrations d'inquiétude, ce qui aidait l'enfant à se détendre et à se rendre compte que l'égratignure n'était pas la fin du monde. Il se rendait compte que si la blessure n'était pas si grave aux yeux de maman, il ne

valait pas la peine d'y consacrer trop d'énergie, et il retournait jouer, exhibant fièrement son diachylon.

Les petits pansements peuvent posséder de surprenants pouvoirs psychologiques de guérison en montrant aux bambins que l'on reconnaît leur douleur et que l'on fait quelque chose de concret pour la soulager. Alice Sterling Honig, professeur de développement de l'enfant à l'université de Syracuse, dit dans le magazine *Parents*: « Gardez à la main deux sortes de pansements. En offrant un choix aux enfants, vous leur donnez du pouvoir — et c'est exactement ce dont ils ont besoin quand ils se sentent vulnérables. » (Elle prévient également que les bandages adhésifs comportent des dangers d'étouffement pour les enfants de moins de cinq ans et elle conseille d'enlever un tel bandage si vous voyez que votre enfant le suce.)

Bien sûr, si votre bambin est assez chanceux pour être encore nourri au sein, vous avez accès au plus ancien et au meilleur moyen qui soit pour guérir les bobos. Les mamans qui allaitent ont un moyen fiable de savoir si un bobo est grave ou non parce que leurs bébés sont tellement réconfortés par l'allaitement. S'il s'agit d'une égratignure, d'une bosse, d'un bleu ou simplement d'une blessure aux sentiments, l'allaitement arrête instantanément les pleurs et démarre la guérison. Si ce n'est pas le cas, elles savent que le bobo est grave.

85.
Offrez à votre enfant une vision adulte de son monde

Il n'y a rien que les enfants aiment mieux que de se sentir inclus dans votre monde adulte. Cependant, il peut être dangereux et malcommode de laisser fureter des petites mains quand vous faites la cuisine, le lavage ou toute autre tâche qui vous occupe. Mon amie Michèle a résolu le problème de belle manière avec sa fille Alexandra, en achetant un sac à dos léger, à structure d'acier.

Alexandra adore être ainsi perchée sur le dos de sa maman, regardant au-dessus de l'épaule de Michèle, installée aux premières loges pour voir toutes ces choses fascinantes qu'elle fait. La plupart du temps, ces sacs à dos ne sont utilisés par les parents que pour des excursions à l'extérieur, et pourtant ils sont bien pratiques pour accomplir des tâches autour de la maison sans exclure bébé.

La bandoulière représente le lieu idéal pour un petit bébé qui observe ce que fait sa maman. Pourtant, la bandoulière ne convient pas aussi bien autour de la maison pour un enfant un peu plus grand, à moins qu'il soit fatigué et qu'il veuille s'endormir contre un adulte réconfortant. (La bandoulière reste cependant incomparable pour trimballer les bambins lors des sorties !) Chez eux, les enfants aiment généralement circuler librement, mais si maman est en train de faire quelque chose qui les intéresse, ils voudront l'observer. Le sac à dos est un formidable poste d'observation : d'abord il est très excitant d'être juché à cette hauteur, et ensuite les petites mains sont tenues à bonne distance de l'activité en cours !

L'autre jour, j'ai rendu visite à Michèle et je l'ai trouvée assise à table, donnant une manucure à une amie et Alexandra surveillant tout cela intensément du haut de son perchoir. Une réserve cependant : selon Michèle, quand l'enfant est dans le sac à dos, il vaut mieux ne pas le laisser manger, sous peine de vous retrouver les cheveux enduits d'un revitalisant à base de morceaux gluants de banane à moitié mâchée.

86.

Soyez flexible, même quand vous dites « non »

Si une situation nouvelle se présente et que vous dites « non » à votre enfant, et qu'il crie, et que vous décidez de le laisser faire/avoir/toucher ce qu'il voulait, vous sentirez sans l'ombre d'un doute des paupières qui se soulèvent chez des grands-parents ou des voisins qui vous ont bien avertie de ne pas laisser votre bébé « avoir le dessus ». Ignorez-les. Certaines batailles valent la peine qu'on fasse la guerre, d'autres non. Vous ne ferez pas de votre enfant un meilleur citoyen parce que vous l'aurez accablé de restrictions inutiles ; vous ne réussirez qu'à l'ennuyer et à le rendre malheureux.

Un enfant ne proteste pas contre un « non » pour vous dominer — c'est son monde et son environnement qu'il tente de dominer, et c'est là un aspect sain de sa croissance. Ses protestations sont sa manière à lui de vous laisser savoir qu'il veut vraiment, vraiment quelque chose. Si c'est quelque chose que vous pouvez accepter, montrez-lui que vous pouvez être flexible et rendez-le heureux le plus souvent possible.

Souvent, le « non » devra être ferme, bien sûr. C'est le cas surtout si vous avez déjà dit « non » et que vous voulez renforcer le message en réagissant de façon cohérente. Quand le « non » est indiscutable, faites-le lui savoir calmement dès les premiers signes de protestations — et ne flanchez pas. S'il sait que vous cédez à ses souhaits quand vous en avez l'occasion, il obéira sans doute plus facilement et acceptera vos règles quand vous serez catégorique. Ce n'est que si vous revenez souvent sur vos positions après avoir dit un « non » ferme qu'il peut en venir à croire que ses lamentations vous convaincront de changer d'idée.

87.
Acceptez les obsessions de votre bambin

Au moment où votre bébé commencera à parler, vous serez peut-être surprise de vous apercevoir qu'il a des préférences bien définies pour certaines des choses dont il a appris le nom. Votre bébé aime naturellement maîtriser de nouveaux sujets, et en se concentrant sur un champ d'intérêt en particulier, il peut plus facilement maîtriser un sujet que s'il s'éparpille dans une grande variété de choses.

Peut-être votre bébé a-t-il décidé qu'il se passionnait pour les chiens et est-il devenu un expert pour repérer les chiens partout où vous allez. Il les voit non seulement dans le voisinage, mais dans les livres, sur le papier peint au bureau du pédiatre, à la télévision, sur les boîtes à l'épicerie et sur ses vêtements. Il aboie et grogne avec enthousiasme et peut même décider que les chevaux, les hippopotames et toutes les créatures à quatre pattes sont également des chiens. Sans se lasser, il attirera votre attention sur les queues, les museaux, les pattes et les oreilles de chiens et aimera par-dessus tout les jouets en forme de chien.

Même si *vous* vous ennuyez à force d'entendre parler de chiens, étouffez l'envie que vous avez de détourner son attention vers des horizons plus larges. Dans un monde déconcertant qui oblige continuellement à digérer de nouvelles données, quel agréable répit que cet objet aimé et familier. Tout en essayant d'assimiler beaucoup de nouvelles connaissances, votre bébé se dit sans doute : « Hé ! Il y a quelque chose que je connais ! Parlons-en donc ! » Si vous prenez part à son enthousiasme pour son sujet favori, vous contribuerez à ce qu'il ait de l'estime pour lui-même et il sera probablement plus intéressé à connaître de nouveaux sujets qui enrichiront son répertoire.

88.
Laissez bébé jouer à sa manière

Pour nous, les adultes, le jeu arrive en surplus. C'est ce que nous faisons quand nous avons fini de travailler. Or, pour votre bébé, jouer est un travail très important et épuisant. C'est par ce moyen que bébé apprend les différentes propriétés des objets qui l'entourent ; de quoi ils ont l'air, ce qui arrive quand il les échappe par terre ou les déplace d'une certaine façon, comment bouger son corps pour arriver à manipuler ces objets, comment agir avec eux. Les bébés sont instinctivement portés à explorer et à apprendre. Cela peut nous sembler frivole, mais pour bébé il s'agit d'une autre dure journée de labeur ! De plus, comme le jeu satisfait leur besoin de stimulation intellectuelle, les bébés l'apprécient immensément et y trouvent beaucoup de plaisir. N'enviez-vous pas un peu ces petits travailleurs ?

Même quand vous arrivez à la maison avec ce que vous considérez comme un jouet extraordinaire, ne vous empressez pas trop de guider bébé quand il joue. Votre bébé sait exactement quel est le meilleur jouet pour lui pour le moment et, souvent, il s'agit d'un objet n'ayant jamais reçu l'appellation de « jouet ». La meilleure manière d'aider bébé dans son boulot, c'est de l'observer de près et de lui donner l'occasion de jouer avec les objets qui l'intéressent.

Ne vous étonnez pas de voir que les bébés préfèrent souvent des objets avec lesquels ils vous voient « jouer » plutôt que les jouets que vous leur procurez spécifiquement pour les divertir. Peu de bébés résistent au plaisir de frapper sur des chaudrons avec une spatule. Parmi ces objets familiers que les bébés aiment par-dessus tout, on trouve la télécommande du téléviseur dont on a enlevé les piles, tous les formats de contenants à nourriture, les cuillères à mesurer, un téléphone débranché ou sans piles, des ustensiles en bois, des passoires, des porte-clés, des bacs à glaçons, des boîtiers de cassettes, des batteurs à œufs, des entonnoirs, des rouleaux de papier hygiénique, des bas dépareillés, des boîtes petites ou grandes, des tasses en plastique, et autres bric-à-brac qu'il aimera même plus que le tout dernier épisode de son émission préférée.

89.

La dépendance de bébé suit des montagnes russes ? Emboîtez le pas !

Les bambins sont de petites créatures déconcertées et déconcertantes. Un jour ils se cramponnent à vous comme de la peluche sur la laine et le jour suivant, vous n'arrivez pas à les attraper. Voilà un comportement tout à fait approprié pour un bambin ! Votre petit explorateur est ravi par son indépendance fraîchement acquise, mais plus il se rend compte qu'il peut faire des choses sans vous, plus il doit s'assurer que vous êtes toujours à sa disposition.

Vous représentez le principe de sécurité à partir duquel il peut se risquer à sortir, et il ne peut être heureux qu'en trouvant un équilibre entre cette sécurité que vous lui offrez et l'excitation que lui offre son indépendance. Pensez à votre bambin comme à un être fonctionnant à batterie, et à vous-même comme à un chargeur de batterie. Le temps qu'il passe enveloppé affectueusement dans vos bras lui procure une recharge émotive qui lui permet ensuite d'apprécier le temps où il s'éloigne de vous. Laissez-le juger des périodes qu'il lui faut passer avec vous et sans vous, et il obtiendra toujours exactement la bonne dose.

Ces montagnes russes fonctionnent à deux niveaux. D'abord elles agissent d'heure en heure (et même de minute en minute) et elles agissent également à une échelle plus large, de mois en mois. Le docteur William Sears décrit ainsi ce phénomène : « Le même enfant qui est insupportable pendant deux mois devient souvent un ange les trois mois suivants. Cette singularité dans le développement peut être utile à l'enfant et à vous-même. Remarquez dans quelle phase est votre enfant. S'il tente de s'éloigner et de se développer un peu, laissez-le aller. Au cours de cette phase, votre enfant vous semblera peut-être distant ; il peut même se mettre à vous répondre avec impertinence et à vous provoquer. Ne prenez pas cela comme une attaque personnelle. Cette phase prendra bientôt fin. L'enfant est simplement dans une période où il veut « faire les choses lui-même » et il lui faut de la latitude et du soutien (entre autres avec les réprimandes) venant des coulisses. Un jour, bientôt, aussi sûr que le soleil se lèvera après la nuit, votre enfant recommencera à se blottir contre vous sur le divan. « Rassurez-vous, il est sain que votre bambin se colle et se décolle de vous alternativement, et si vous vous y attendez, vous pourrez faire un effort pour rester en harmonie avec ses phases.

90.

Respectez les désirs de votre bébé, même quand ils s'opposent aux vôtres

Quand vous voulez que votre enfant fasse quelque chose et qu'il veut faire le contraire, votre succès dépend énormément de la manière dont vous vous y prenez. Rappelez-vous, les bébés apprennent à agir en vous observant. Le fait de respecter les sentiments des autres est la pierre angulaire de cet apprentissage. Si vous voulez que votre enfant respecte vos sentiments, vous devez respecter les siens.

Imaginons que vous voulez que bébé vienne à l'épicerie avec vous, en auto, mais qu'au même moment, il s'amuse à jouer sur le plancher et refuse de s'éloigner de ses jouets. Est-ce vraiment nécessaire que vous alliez au magasin tout de suite ? Si vous expliquez à bébé qu'il faut aller au magasin, aussi bien pour vous que pour lui, mais que vous attendez un peu qu'il soit prêt, il comprendra que vous lui accordez de la valeur et que vous respectez ses désirs. Peut-être que le lendemain, vous ne pourrez pas déplacer le moment du départ, mais bébé ne fera pas d'histoires parce que vous lui aurez montré à respecter les désirs des gens qu'il aime.

91.

Si bébé vous tient tête, réagissez selon son âge

Ces tendances naturelles, celles-là même qui poussent votre enfant à vous provoquer, sont celles qui l'aideront à avoir du succès quand il sera grand. La vie serait plus facile pour les parents si les bébés étaient des petites créatures accommodantes qui ne sont jamais en désaccord avec eux, mais cela ne serait pas très bon pour la santé des bébés. S'il n'est pas extrêmement déterminé, bébé ne maîtrisera jamais les difficultés qui l'attendent au cours de son développement.

Cela ne veut pas dire d'accéder à tous les désirs du bébé ni de laisser aller son comportement provocateur. Cependant, vous saurez mieux comment réagir si vous le comprenez. Dans tout apprentissage, le secret de la réussite est la répétition. Vous devez décider des règles et persévérer dans leur application. Ne soyez pas fâchée ou frustrée quand vous devez répéter sans cesse les mêmes règles. Les bébés n'ont pas beaucoup de mémoire et ce n'est que si vous répétez SOUVENT qu'ils apprennent.

Quand vous devez instaurer des règlements pour votre enfant, n'y allez pas au hasard. Mettez en place un modèle que vous suivrez et que votre enfant pourra reconnaître, et assurez-vous que votre ton de voix est respectueux. Appelez-le par son nom, regardez-le directement dans les yeux, et imposez votre règlement le plus clairement possible. Ne souriez pas, mais ne vous fâchez pas non plus. Il vaut mieux être autoritaire et aller droit au but. Éloignez votre enfant de la situation à laquelle il n'a pas droit, ou enlevez de ses mains l'objet interdit. Ensuite remplacez cela par une activité ou par un objet acceptable, reprenez votre attitude sympathique et oubliez l'incident. Revenir sans cesse sur sa mauvaise action n'aurait aucun effet correctif à cet âge et ne servirait qu'à vous stresser plus.

Vous savez sans doute déjà cela, du moins je l'espère, mais NE FRAPPEZ JAMAIS VOTRE BÉBÉ! Rappelez-vous que votre bébé n'est pas votre ennemi. S'il persiste à continuer l'activité indésirable même après que vous ayez pris votre ton le plus autoritaire, c'est probablement qu'il ne comprend pas ou qu'il est tout simplement trop concentré sur ce qu'il fait pour arriver à s'arrêter. Éloignez-le calmement de cette activité, sans faire d'histoires. Ensuite, quand il a cessé de s'intéresser à l'activité en question, embrassez-le et faites-lui des compliments.

Assurez-vous que vos actes et vos paroles lui transmettent clairement le message suivant : que vous n'aimez pas la chose qu'il fait mais que vous l'aimez lui, pour toujours et sans conditions. Vous le saurez quand votre bébé sera capable de comprendre les raisons pour lesquelles il ne peut pas faire certaines choses. Une fois que la compréhension s'enclenche, vous pouvez commencer à expliquer pourquoi vous ne pouvez accepter certains comportements. Cela l'initiera au long processus de l'autodiscipline, ce chemin si long mais si valorisant.

Rappelez-vous, NE FRAPPEZ JAMAIS VOTRE BÉBÉ! Presque tous les spécialistes du développement chez les enfants s'entendent aujourd'hui pour dire que les châtiments physiques ne constituent pas une façon efficace d'exercer la discipline. De plus, quand vous faites mal à un enfant, vous lui montrez que la violence est une manière acceptable de résoudre les conflits. Vous vous rappelez ? Votre bébé n'est pas votre ennemi !

92.

Atténuez les crises de nerfs

À un certain moment, après le premier anniversaire du bébé, vous vous apercevrez sans doute que certains accès de larmes sont de véritables crises de nerfs : des explosions d'émotions contenues où l'enfant veut en faire plus qu'il en est capable et où les limites de son langage l'empêchent de relâcher autrement ses frustrations.

Tous les enfants font des crises de nerfs, mais certains font des crises pires que d'autres et les crises durent plus longtemps chez certains d'entre eux. Selon Kathy Levinson, auteur de *First Aid for Tantrums,* 14 % des enfants d'un an font des crises tous les jours, tandis que 20 % des enfants de deux et trois ans font deux crises par jour et même plus. Les crises de nerfs sont un moyen naturel d'exprimer des émotions fortes et refoulées qui font partie de l'apprentissage du métier de bambin. Même les enfants élevés dans le climat le plus sécurisant qui soit, par des parents adeptes des principes de l'attachement et un entourage très à l'écoute connaîtront, à un moment donné, des frustrations liées à leurs limites ou aux limites que les adultes leur imposent.

Il est naturel que votre bébé pleure quand vous lui enlevez un objet dangereux ou que vous refusiez qu'il exerce une activité défendue. Il n'aime pas la tournure des événements et il vous le fait savoir. Permettez-lui d'exprimer son tourment en parlant doucement du problème. « Je sais que tu veux jouer avec la perceuse électrique de papa. C'est dur, hein, de voir papa utiliser quelque chose sans pouvoir en faire autant. Lisons plutôt un livre ! »

Si votre douce tentative pour le distraire échoue et que votre enfant continue à protester à tue-tête, il lui faut probablement évacuer ses tensions en criant. Ne hurlez pas et ne lui parlez pas d'un ton désapprobateur ; vous ne ferez qu'aggraver sa détresse. Il réussira beaucoup mieux à se calmer si vous-même restez calme.

Dans leur excellent guide *The Discipline Book,* William et Martha Sears écrivent : « Les crises de colère naissent de la frustration (votre bambin tente d'exécuter une laborieuse prouesse d'ingénierie et hurle quand ça ne fonctionne pas), alors n'ignorez pas qu'il a besoin d'aide. Servez-vous de cette crise pour entrer en contact avec lui : en aidant votre enfant à sortir du pétrin, vous établissez votre autorité et vous instaurez la confiance. Donnez-lui un bon coup de main, un « ça va aller » réconfortant, et dirigez ses efforts vers une partie de la tâche plus facile (par exemple, vous retirez la chaussette à la moitié de son pied et ensuite il peut tirer dessus pour finir). »

Si cela ne sert à rien, les Sears recommandent d'enlacer tendrement l'enfant en crise : « En sentant vos bras puissants autour de son corps, l'enfant comprend qu'il a perdu le contrôle et que vous intervenez pour l'aider à reprendre ses esprits. Peut-être ne vous entendra-t-il pas, mais vous pouvez lui parler doucement à l'oreille pour le rassurer en lui disant des choses comme "Maman est là. Je vais t'aider. Montre-moi ce dont tu as besoin," etc. »

Une fois que bébé s'est calmé, essayez de l'allaiter ou de lui offrir un aliment nutritif. Les crises surviennent souvent quand bébé a faim ou qu'il est fatigué. Observez les circonstances au cours desquelles bébé fait ses crises pour tenter de les éviter à l'avenir.

Certains experts recommandent d'ignorer ou de punir l'enfant lors de ses crises de colère, mais en faisant cela, tout ce que vous dites à l'enfant, c'est qu'il n'est pas autorisé à ressentir ces émotions. Les enfants doivent être guidés avec amour pour arriver à affronter la panique d'un déchaînement d'émotions. Il faut également que vous leur imposiez des limites raisonnables et que vous soyez cohérents quand vous voulez renforcer ces limites. Ne changez jamais d'idée à cause d'une crise de nerfs. Quand bébé se déchaîne parce que vous ne voulez pas lui donner un troisième biscuit et que vous décidez, au milieu de la crise, de lui allonger le biscuit, non seulement vous lui envoyez un mauvais message, mais vous lui enlevez la possibilité de relâcher ses frustrations en pleurant.

93.
Tempérez l'enfant agressif

Vers cette période où surgissent les crises de nerfs, beaucoup d'enfants se mettent également à adopter des comportements agressifs envers les autres. Comme dans le cas de la crise de nerfs, s'ils font cela, c'est qu'ils sont privés de quelque chose qu'ils étaient sûrs d'obtenir et qu'ils n'arrivent pas à dire ce que c'est. Voici ce qu'en pensent William et Martha Sears : « Les enfants deviennent agressifs pour relâcher une colère contenue, pour maîtriser une situation, pour montrer qu'ils ont de la force ou pour protéger leur territoire dans le carré de sable. Certains enfants ont même recours à un comportement odieux dans une tentative désespérée d'atteindre des parents distants. »

Mon amie Jocelyne a bien réussi à faire cesser les agressions de sa petite fille de 18 mois, Zoé, grâce à l'approche suivante. Dès que Zoé frappait ou mordait un autre enfant, Jocelyne la prenait dans ses bras, la retirait de l'endroit où elle jouait et, le visage sérieux, lui disait fermement : « On ne frappe pas » ou « On ne mord pas ». Elle s'assoyait loin des autres avec Zoé sur les genoux et regardait ailleurs, le temps de compter jusqu'à 10. Zoé se tortillait pour descendre et retourner vers les jouets et les autres bébés, mais Jocelyne la retenait fermement sans lui parler.

Les 10 secondes écoulées, souriante, elle ramenait Zoé à son groupe, s'asseyait avec elle et entamait un jeu amical avec les autres enfants. Jocelyne raconte qu'elle y a mis un certain temps mais que les morsures et les coups diminuèrent quand Zoé comprit que chaque geste agressif l'exilait du jeu.

Parfois ce sont les parents eux-mêmes qui prennent les coups. Les Sears suggèrent de transformer une claque impromptue en un jeu qu'on appelle « Donne-m'en cinq autres ! », de réagir à une morsure en disant fermement « On ne mord pas. Outch. Tu fais mal à maman ! » et de modifier ensuite ce comportement avec le sourire, en disant « Embrasse Maman. Que c'est gentil ! »

Avec un bébé qui frappe, mord ou donne des coups à un parent dans un accès de colère, les Sears recommandent l'approche suivante : « Dites-lui calmement, mais fermement "Tu ne dois pas frapper" et déposez-le... Faites-lui comprendre que vous ne le laisserez pas vous faire mal. Si vous ne laissez pas votre enfant vous faire mal quand il est très jeune, il ne se laissera probablement pas faire mal par les autres quand il sera plus grand. Vous lui montrerez comment on refuse d'être frappé, par exemple en levant la main pour stopper les coups sans toutefois frapper en retour. »

Étant donné que le bébé sera probablement encore fâché de la situation, essayez de lui parler de sa colère : « Je sais que tu es furieux d'avoir dû redonner son jouet à ton cousin, mais tu ne dois pas faire mal aux gens. » Les gestes agressifs ne cesseront pas si les parents n'interviennent pas, alors dès que vous en êtes témoin, faites le nécessaire pour refréner ces comportements.

94.

Montrez à votre bambin comment donner et recevoir de l'aide

Les bambins ont besoin de beaucoup d'aide pour faire les choses. Or, quand ils commencent à devenir des petites personnes indépendantes, ils veulent faire beaucoup de ces choses tout seuls. Soyez assez sensible pour deviner si votre enfant a besoin d'aide ou d'indépendance. Dès que possible, laissez votre enfant décider s'il fait les choses seul ou non. Si vous refusez votre aide à votre enfant quand il la demande, ou si vous insistez pour lui offrir alors qu'il n'en veut pas, il aura une conception malsaine de l'aide. Il y a certainement quelques adultes de votre connaissance qui ont ce problème — ceux et celles qui n'acceptent de l'aide de personne ou, de l'autre côté, ceux et celles qui se fient trop sur l'aide des autres.

Quand votre bébé est assez vieux pour comprendre, commencez à lui demander de vous aider à faire des choses. Les enfants adorent aider leurs parents. Cela leur fait sentir qu'ils sont importants et qu'on a besoin d'eux, et ils voient aussi que les gens qui s'aiment s'entraident. « Tucker aimait beaucoup m'aider, entre autres à plier la lessive, à passer le balai, à vider le lave-vaisselle, à faire le lit, à ranger l'épicerie après les courses, à épousseter avec son propre chiffon tout ce qui lui tombait sous la main et à brosser les cheveux de maman.

95.
Riez avec bébé

Le sens de l'humour de votre bébé devrait apparaître autour de son premier anniversaire. Les bébés commencent à rire vers quatre mois, mais ces rires précoces naissent habituellement d'une impression de joie ou de sensations physiques agréables plutôt que de la drôlerie qu'ils perçoivent en quelque chose. Comme les enfants d'un an commencent à savoir comment les choses sont censées être, les incongruités peuvent les faire éclater de rire. (Oncle Jules obtient des rires sonores en portant les chaussettes de Tucker sur ses oreilles.)

Il n'y a rien au monde de plus délicieux qu'un gros rire gras de bébé. Chaque fois que je trouve une nouvelle chose qui fait rire Tucker, je ne peux tout simplement m'empêcher d'éclater de rire avec lui — ou de répéter inlassablement l'astuce. Et il est presque impossible que deux personnes partagent un éclat de rire sans se sentir très fortement reliées !

Je n'oublierai jamais cette première farce que Tucker a faite, tout seul, à 14 mois. Il savait quoi répondre à la question « Comment tu t'appelles ? » et il l'avait fièrement montré pendant plusieurs semaines en parlant à des inconnus devant les caisses des magasins. Or, un jour, quand je lui posai la même question, il lança un regard à mon mari, l'œil pétillant et diabolique, et répondit « Papa ! » en éclatant ensuite d'un grand rire. On ne pouvait pas se méprendre sur l'intention — il ne s'agissait pas d'un trou de mémoire ni d'une crise d'identité. C'était une farce ! C'était tellement mignon que mon mari et moi en avons ri passablement, ce que Tucker a adoré. En fait, il a tellement aimé cela que pendant les quatre semaines suivantes, à la question « Comment tu t'appelles ? », il répondait chaque fois « Papa », en jubilant à l'extrême.

Rire avec votre bébé est non seulement un moyen extraordinaire de créer des liens, mais en plus, c'est réellement bon pour la santé ! Selon Annette Goodheart, auteur de *Laughter Therapy*, le rire renforce le système immunitaire, améliore la flexibilité du système cardiovasculaire, améliore les facultés intellectuelles et la capacité de mémoriser, et favorise l'équilibre chimique des hormones de stress dans votre corps. Et dire que vous pouvez arriver à tout cela, pour vous-même et pour votre bébé, simplement en ayant beaucoup de plaisir !

Mon amie Julie tomba par hasard sur un moyen de provoquer les rires chez son bébé, Loukas, le jour où celui-ci décida que le bruit qu'elle faisait avec son nez en sentant sa couche était la chose la plus tordante du monde. Au début, elle faisait le test du nez pour des raisons pratiques évidentes, mais avec la réaction de Loukas, cela devint son jeu préféré. Les bébés adorent les bruits inhabituels, les faces en grimaces, les mouvements rapides et ridicules. Votre bébé rira probablement si vous faites semblant de tomber... tout comme si vous tombez pour vrai, d'ailleurs. Quand bébé rit devant une maladresse physique, ce n'est pas par malice, car il n'est probablement par capable de se rendre compte que la personne qui tombe risque de se blesser. C'est la surprise de l'inattendu que bébé trouve drôle.

Mon amie Rita donne le fou rire à Tucker en enfourchant un manche à balai et en faisant semblant de le conduire, comme si elle faisait de l'équitation, tout autour de la maison. Ma mère la bat en exécutant une danse sur la chanson « Vive le vent » dans un numéro qui me rendrait riche si je me décidais à en envoyer un enregistrement à l'une ou l'autre des émissions de télé qui présente ce genre de vidéos amateurs. Mon mari fait craquer notre fils en faisant semblant d'avoir un hoquet exagéré, et il suffit que tante Monique secoue ses cheveux frisés devant lui pour qu'il parte à rire. Gardez en tête une liste de ce qui fait rire votre bébé — des moyens éprouvés de déclencher les fous rires constituent des distractions efficaces pour faire cesser les crises de nerfs ou les comportements indésirables.

Vers la fin de la deuxième année, bébé commencera probablement à rire des farces qu'il entend en plus de rire des farces qu'il voit, et vous remarquerez bientôt quelles sont les expressions drôles que votre enfant préfère. Selon le magazine *Parents*: « Les gens ont tendance à réagir plus aux farces qui touchent leurs peurs et leurs obsessions, et les enfants ne sont pas différents. Ils préfèrent les farces qui concernent les habiletés qu'ils viennent tout juste de maîtriser — comme la bienséance à table, ou le fait de bien marcher ou de bien parler — ce qui continue à contenir une charge affective. Le rire aide à relâcher le stress et la frustration. »

96.

Donnez à bébé l'occasion d'appuyer sur des boutons

Autour du premier anniversaire de votre bébé, vous remarquerez peut-être qu'il a tendance à toucher à tout ce qui ressemble à un bouton, à tourner tout ce qui ressemble à une poignée et à manipuler tout ce qui ressemble à un commutateur. Les bébés adorent imiter leurs parents, et vos jouets les attirent beaucoup plus que les leurs. Les téléviseurs, les chaînes stéréo, les téléphones, les déverrouilleurs à distance, les commutateurs d'ordinateurs, les cadenas de porte-documents... Les petites mains n'en finissent pas de découvrir des manipulations irrésistibles.

Un de mes amis résolut un jour le problème de son technicien en herbe en lui donnant son propre joujou d'adulte — pas une version en plastique et colorée, fabriquée par un fabricant de jouets, mais plutôt l'authentique objet usagé, trouvé dans un marché aux puces ou offert par des amis ou des membres de la famille. N'importe quel petit appareil qui ne sert plus — un téléphone, une calculette, un calepin d'adresses électronique — peut devenir une précieuse possession pour un bébé qui aiguise ses capacités de motricité fine.

Dès que cela est faisable, laissez bébé s'exercer également sur le véritable truc, celui qui fonctionne pour vrai. Il adorera le sentiment de puissance obtenu en allumant ou en éteignant une lampe ou un ventilateur, et en voyant le résultat. Organisez votre maison à l'épreuve du bébé afin qu'il ne se blesse pas et qu'il n'endommage aucun objet de valeur ; ensuite passez du temps avec lui pour le surveiller tandis qu'il fait ses expériences sur des objets que vous considérez comme de bons jeux pour lui.

97.
Utilisez des tactiques sympathiques pour éloigner bébé du danger

Tenter de tenir bébé loin du danger constitue très fréquemment une source de conflits entre les mamans et les bébés. Il semble que les situations les plus dangereuses soient souvent les plus amusantes pour les bébés. Le fait de rendre la maison à l'épreuve des bébés contribue beaucoup à prévenir certains conflits. Plus votre maison est sûre, moins vous aurez à surveiller ses activités quand il commencera à ramper et plus tard à gambader autour de la maison.

Chaque fois que c'est possible, laissez bébé faire ce qu'il tente de faire. S'il risque le moindrement de se blesser, assurez-vous que vous êtes en mesure de le lui éviter. Si vous le surveillez attentivement, tout en le laissant continuer à explorer en profondeur une situation qui pourrait devenir dangereuse, sa curiosité pourra être satisfaite et vous vous épargnerez d'innombrables semaines éreintantes à interrompre bébé.

Quand il vous faut vraiment arrêter bébé de faire ce qu'il voulait faire, distrayez-le, distrayez-le, distrayez-le. S'il attrape une paire de ciseaux sur votre bureau, vous pouvez les lui enlever en disant : « Non, non, les ciseaux ne sont pas faits pour les bébés », mais cette approche risque de le frustrer et de mettre en colère votre petit investigateur. Au lieu de cela, attrapez rapidement un livre, une règle ou un distributeur à papier collant. Parlez-lui de l'objet excitant que vous lui offrez d'une main, et vous réussirez probablement à reprendre les ciseaux de l'autre main sans plus de heurts.

Parfois, il faudra absolument dire non. Gardez simplement à l'esprit que le moins souvent vous le dites, le plus d'impact vous aurez quand vous le direz. La plupart des bébés comprennent le sens du mot « non » vers huit mois, et un « non » ferme arrêtera habituellement bébé dans ce qu'il fait. Le bébé réagit à la différence dans votre ton de voix. C'est pourquoi le « non » fonctionne mieux quand il est utilisé parcimonieusement — si vous avez établi un rapport intime et chaleureux, tout ce que bébé veut c'est de vous plaire. Toutefois, s'il vous arrive souvent de lui parler brusquement, vos réprimandes cesseront rapidement de le toucher.

Pour des situations très dangereuses, par exemple si un enfant court dans la rue, Martha Sears suggère d'exprimer vos émotions sans retenue. En montrant à l'enfant à quel point sa conduite peut vous terroriser, il comprendra probablement qu'il devrait aussi avoir peur de courir dans la rue. Si vous réservez cette attitude aux situations vraiment menaçantes, l'enfant sera impressionné de vous voir exprimer votre inquiétude à pleins poumons.

98.

Donnez l'exemple de la politesse

Quand les bébés commencent à parler pour de bon, vers un an et demi, ils n'ont absolument aucun tact. Ce n'est *pas* pour être tyranniques ou exigeants qu'ils disent des choses comme « Donne-moi ça ! » ou « Fais-le ! » ou « C'est à moi ! » Ces expressions toutes simples sont tout bonnement les plus faciles à dire pour vos petits grammairiens en herbe. Quand le fait de parler ainsi permet à votre enfant d'obtenir ce qu'il veut, son tout nouveau pouvoir est si enivrant qu'il a tendance à recommencer avec un enthousiasme croissant.

Si vous froncez les sourcils ou lui dites carrément que ses paroles sont déplacées, vous risquez de ralentir le développement de son langage. Gardez vos leçons de bienséance pour plus tard ! Au lieu de cela, montrez-lui en souriant que vous avez compris et répétez son expression, en la modifiant légèrement pour lui donner une forme plus polie. Par exemple, si bébé dit « Donne-moi du jus ! », vous lui tendez joyeusement le verre en disant « Du jus, s'il te plaît ? Tiens, voilà ton jus ! » Ne prenez pas un ton sévère ; agissez simplement comme si vous répétiez sa requête. Si vous ajoutez l'expression s'il te plaît à toutes les demandes que vous lui faites, il l'utilisera probablement lui-même quand il vous demandera quelque chose.

En outre, il n'y a rien comme l'exemple pour enseigner le savoir-vivre. Si vous lui arrachez de force quelque chose qu'il tient à la main, vous lui montrerez à être brusque. Quand il faut que vous enleviez quelque chose à votre bébé, tendez la main et demandez-lui de vous donner l'objet, d'un ton aimable et ferme. S'il refuse de le laisser aller, ouvrez-lui doucement les doigts pour en retirer l'objet tout en lui expliquant d'un ton neutre pourquoi il ne peut pas le garder.

99.

Continuez à offrir le meilleur soulagement qui soit pour les bébés

On considère que la transition entre la naissance et l'âge scolaire représente la période la plus stressante qui soit pour un être humain. Même l'adolescence n'est rien en comparaison. Les bouleversements physiques et mentaux qui marquent ces années jouent un grand rôle dans la formation de la personnalité du bébé, et dans sa façon d'affronter la vie en grandissant. Pourtant bien des parents ne tiennent pas compte des émotions des bébés au cours de cette période turbulente.

Heureusement pour les bébés, la nature leur offre un tranquillisant bon pour la santé et joliment emballé : les seins de maman. Je mentionne à nouveau, une dernière fois, que l'allaitement maternel comporte d'autres avantages en plus de sa valeur nutritive incomparable. Les immenses avantages psychologiques de l'allaitement sont prodigieux pour les enfants, et pas seulement pour les nouveau-nés. Ne succombez pas à la pression de notre société qui suggère de sevrer votre enfant selon un calendrier spécifique. Vous ne jouirez de l'ensemble des bienfaits de l'allaitement qu'en laissant votre bébé se sevrer lui-même selon son propre horaire.

Et les avantages sont substantiels. Si bébé se fait mal, l'allaitement arrête ses larmes (à moins qu'il s'agisse d'une blessure sérieuse). S'il est surexcité et angoissé, l'allaitement le détend. S'il n'est pas dans son assiette et qu'il est inexplicablement grincheux, l'allaitement le réconforte et souvent le remet de bonne humeur. Les bébés qui sont trop vite sevrés recherchent habituellement du réconfort dans des substituts comme des tétines, leur pouce ou des coins de couverture, mais rien de cela n'arrive à la cheville de l'effet magique qu'ont les seins de maman.

Les mères qui forcent leur bébé au sevrage avant qu'il n'y soit prêt se rassurent en se disant qu'elles remplacent simplement une source d'alimentation par une autre. Toutefois, elles ne remplacent qu'une fraction de ce dont leur bébé assoiffé a besoin dans l'allaitement. Le célèbre psychiatre chercheur John Bowlby dit, en parlant des fonctions psychologiques et nutritionnelles de l'allaitement : « Chacune de ces fonctions est importante en soi, et c'est une erreur de croire que la nutrition est de première importance et que l'attachement vient en second. »

Voici ce que recommande Norma J. Bumgarner, dans son excellent guide, *Mothering Your Nursing Toddler*.

> Voici comment réussir un sevrage naturel si votre objectif consiste à nourrir votre enfant et à en prendre soin sans faire d'interventions forcées. Allaitez sur demande dès la naissance. Oubliez les autres aliments tant que votre enfant ne vous en demande pas. Ensuite, nourrissez votre enfant judicieusement, car pendant la première année, tout autre aliment que votre lait sert plus à l'amuser qu'à le nourrir. À moins que le climat soit très chaud, un bébé qui a commencé à demander d'autres aliments n'a pas besoin, en plus de votre lait, d'autres liquides que ce qu'il sirote dans votre verre ou votre tasse. Le meilleur moyen d'éviter de trop nourrir ou de trop faire boire votre bébé, c'est de le laisser faire lui-même, à sa manière et à son heure.

Bumgarner explique que tandis que certains bébés se sèvrent naturellement avant d'avoir deux ans, la plupart le font quelque part entre deux et quatre ans. L'enfant peut demander de boire au sein de moins en moins souvent ou il peut s'arrêter brusquement. Il n'existe pas de modèle universel. Pourtant, chaque enfant se sèvrera — quand il sera prêt. L'allaitement maternel rend la maternité plus facile et non pas plus difficile. En aucun cas, cela pourra être mauvais pour votre enfant ou pour vous. Ne cédez pas aux pressions de votre entourage en abandonnant cet aspect mutuellement bénéfique et chaleureux du lien qui vous unit à votre enfant, simplement parce que vous êtes la dernière maman du quartier à continuer à le faire.

100.
Soyez le plus grand fan de votre bébé

Les comportements néfastes résultent directement d'une mauvaise estime de soi. On sait à quel point une personne ayant subi des mauvais traitements au cours de son enfance peut malheureusement passer sa vie sans connaître le sentiment de sa valeur personnelle. Heureusement, la plupart des enfants ne subissent pas de traitements criminels passibles de prison. Alors pourquoi tant de gens ont-ils une si piètre image d'eux-mêmes ? C'est qu'il n'est pas nécessaire que les mauvais traitements soient physiques ni même intenses pour faire du tort à un enfant fragile, chez qui émerge à peine le sentiment d'être soi.

Chaque jour, des parents bien intentionnés font des remarques désobligeantes à leurs enfants, sont impatients envers eux et les bousculent pour interrompre des activités qui, bien qu'elles semblent insignifiantes, sont importantes pour eux. La curiosité de l'enfant ou l'intérêt qu'il porte à quelque chose ne rencontre que du mépris quand les parents ne jugent pas eux-mêmes cette chose digne d'intérêt. Ils les harcèlent, les découragent, leur manquent de respect et les traitent comme ils ne traiteraient jamais un adulte.

Quand une personne — et à plus forte raison un enfant qui est encore en train de découvrir ce qu'il est — est traitée ainsi pendant une longue période, elle commence à accepter les traits de caractère qui lui sont reprochés. Elle se voit comme ses parents semblent la voir : pleine de défauts, jamais assez rapide ou assez intelligente ou assez bonne. Ensuite, elle devient ainsi. La seule manière d'encourager votre enfant à avoir de l'estime pour lui-même, c'est de le valoriser et de le respecter tel qu'il est.

Voici ce qu'en dit l'experte en puériculture Tine Thevenin : « Un enfant vers qui l'on va quand il pleure, et à qui l'on n'impose pas des peines, des blessures ou de la peur quand il est trop jeune, grandit en ayant confiance en lui. On lui a montré qu'il vaut la peine d'être écouté et qu'on le prend au sérieux. Il grandit en ressentant sa valeur et risque moins de devenir un adulte angoissé passant toute sa vie à se "chercher" ou à vaincre un complexe d'infériorité. »

101.
Restez amoureux

Pendant ses deux premières années, bébé grandit plus vite qu'il ne le fera jamais au cours de toute sa vie. À partir d'un petit être totalement sans défense et minuscule, à peu près dépourvu du moindre contrôle sur son corps, il devient une petite personne à part entière, qui coordonne ses membres et son intelligence pour arriver à marcher, à parler, à jouer, à farfouiller et à être incroyablement différent de ce petit tas de bourrelets que vous avez ramené de l'hôpital à la maison.

C'est au cours de cette infime période de sa vie que bébé forme toutes les attitudes, les traits de personnalité et les dispositions qui seront les siens pour toujours. Est-ce qu'il démarrera dans la vie en s'aimant et en se sentant à l'aise avec les gens qui l'entourent ou doutant de lui-même et manquant de confiance dans le monde? La réponse tient beaucoup à vous. Pensez au respect comme à quelque chose que l'on pourrait mesurer à la tasse. Quelle que soit la quantité de tasses pleines que vous lui donnerez durant ces premières années si cruciales, c'est cette quantité qu'il gardera pour lui pendant toutes les années à venir.

Ce n'est pas par hasard que l'histoire du « Ne fais pas aux autres… » est si importante dans presque toutes les religions du monde. C'est la réponse idéale à toute question concernant les échanges humains. Quand vous avez le moindre doute sur la manière juste d'agir avec votre bébé, demandez-vous: « Si j'étais le bébé, qu'est-ce que je voudrais que mes parents fassent? »

Mon ami Christophe dit souvent à son fiston, Benjamin, qu'il est son meilleur ami. Je revois ma mère me disant la même chose quand j'étais une petite fille et je sais l'effet incroyable que cela me faisait. Ne vous dites pas que votre bébé sait que vous l'aimez simplement parce que c'est le cas. Les enfants ont besoin qu'on leur *dise* et qu'on leur *montre* chaque jour combien on les aime.

Les pratiques mentionnées dans le présent livre pour contribuer à former des liens vous aideront non seulement à aimer votre enfant, mais aussi à *en être amoureux*. Pensez un instant à ce que vous ressentez quand vous devenez amoureux de quelqu'un. Si vous arrivez à ressentir autant d'admiration, de connivence, de sympathie et de respect pour votre enfant, avec le même désir de lui plaire et de vous en approcher — alors il n'y a aucun doute, vous élevez un bébé heureux.

Comment utiliser ce livre

Lisez d'un couvert à l'autre les Conseils que je vous propose pour un déroulement chronologique des 18 premiers mois de bébé, ou utilisez la table qui suit, avec les sujets classés par thèmes, ce qui vous aidera à trouver des réponses à vos questions.

L'amour conjugal

L'estime de soi

L'heure du bain

L'heure du dodo

La communication

La discipline

Bébé pleure

Cet ouvrage a été achevé d'imprimer
au Canada en septembre 2000.

Transcontinental
IMPRESSION
IMPRIMERIE GAGNÉ